La
CONQUISTA
de ti mismo

RAQUEL LEVINSTEIN

La CONQUISTA de ti mismo

Un mensaje de amor de Tato, el pato

PANORAMA

superación

La conquista de ti mismo
Un mensaje de amor de Tato, el pato
Raquel Levinstein

Tercera edición: Panorama, 2015

D. R. © 2015, Panorama Editorial, S. A. de C.V.
    Manuel María Contreras 45-B, colonia San Rafael,
    06470, México, D. F.

Teléfono: 55 54 70 30
e-mail: ventas@panoramaed.com.mx
www.panoramaed.com.mx

Texto © Raquel Levinstein
Fotografía portada © Sevenke, usada para la licencia de Shutterstock.com

ISBN: 978-607-452-547-2

Impreso en México

A todos los niños del mundo.
A los que dejaron de serlo pero conservan
el alma de niño.
A todo aquél que vive en la inconsciencia
e ignora que en su interior vive un niño
pequeño y frágil.

A Tere, amiga de toda la vida, quien
me regala el sentimiento y la inspiración
de la verdadera amistad.

A una niña muy, pero muy especial, dueña
de mi corazón, inspiración de toda
la ternura: ¡Fernanda!

Índice

Prólogo

Este pequeño libro está hecho en especial para ti, tanto si eres un niño como si eres un hombre o mujer con alma de niño, basta con que tengas el deseo sincero de ser mejor en todas y cada una de las áreas de tu vida.

Con las aventuras de Raquel Levinstein y de Tato, el pato, descubrirás la fuerza poderosa e infinita que le da vida al universo y que reposa en tu interior.

Para ello, basta con que anheles sinceramente que la paz y la armonía reinen en ti, en tu familia, en tus amigos e incluso en los que en apariencia se muestran como tus enemigos. Basta con que, con todo el corazón, sea tu deseo decirle *adiós* al sufrimiento, a la tristeza que, en muchas ocasiones, se ha instalado en tu corazón y en tus pensamientos sin motivo aparente. Basta con que te atrevas a soñar que puedes ser el héroe que transforma la oscuridad y las tinieblas, en las que como humanidad nos encontramos sumergidos, para convertir nuestro planeta en un mundo de luz. Basta con que decidas descubrir todo el potencial y la fuerza infinita que fluye en el interior de ti mismo para vencer miedos, angustias, preocupaciones y, sobre todo, enfrentar y transformar las situaciones que te confunden y te hacen sentir mal.

Las charlas que sostiene Tato con Raquel Levinstein están narradas de manera muy clara y accesible en el marco de alguna miniaventura, en la que, si es tu deseo, también puedes participar. Al final de cada relato, plasma tus comentarios e impresiones en un cuaderno para compartirlos con

Tato y Raquel. Al terminar de leer esta maravillosa aventura, platica con ellos en tu cuaderno y diles la forma en la que te ha permitido superar algún problema, aclarar alguna duda o inquietud y, en general, la utilidad que ha tenido para ti este material.

Cuando leas este libro, acepta la invitación de Tato y Raquel Levinstein para participar en cada aventura; para viajar por el firmamento, sentarte en una estrella, descubrir e inventar paisajes nuevos y, sobre todo, para descubrir quién realmente eres tú y lo que puedes lograr al conquistar la fuerza del infinito que late en tu corazón.

Raquel y Tato te invitan a unirte al ejército que lucha contra las tinieblas y la oscuridad de la inconsciencia que tiene aprisionada a la humanidad en el infierno de la ignorancia y que produce dolor, sufrimiento, enfermedad, carencias, pleitos y guerras entre hermanos.

Si quieres participar en esta batalla sin igual, si deseas convertirte en un guerrero de luz y ayudar a todos los niños y a cada ser humano a salir del infierno desde hace tanto tiempo conocido, a dejar atrás la esclavitud y la decadencia que genera la inconsciencia, escríbeles y participa activamente con ellos.

En cada capítulo de este libro puedes encontrar algunas palabras cuyo significado no será claro para ti (resaltadas en negritas), Raquel y Tato te invitan a consultar el diccionario, pues ambos han descubierto que la cultura y el conocimiento constituyen fabulosas herramientas para combatir a la inconsciencia y la ignorancia.

En la página en blanco que se encuentra al final de cada capítulo anota las palabras consultadas en el diccionario y su significado, así como lo que hayas comprendido del capítulo, la lección que te ofreció y tus propuestas para realizar cambios en ti, en tu familia, en tu escuela y en tu comunidad. Es importante que a estas metas o propuestas las acompañe una lista de la forma en la que vas a realizarlas, y conforme las vayas logrando les anotes una palomita, y dejes en blanco las que no has logrado para continuar trabajando en ellas.

Introducción

Este libro está redactado en forma de aventuras, en las que *Tato, un pato con alma de niño, y Raquel Levinstein* experimentan fantásticas aventuras, y entablan charlas muy amenas y constructivas.

Tato representa la inocencia y honestidad que sólo un niño puede expresar, mientras que Raquel Levinstein la voz de la experiencia, y responde, con gran ternura, amor y comprensión, las dudas e inquietudes que Tato le plantea en cada ocasión. Con ella, Tato expresa libremente sus emociones, tanto de enojo como de alegría, e incluso sus travesuras y las acciones que le confunden y le hacen experimentar tristeza, confusión y culpa. Además, comparte con ella sus sueños y anhelos, muchos de los cuales ambos logran realizar.

Tato, por medio de cada aventura, aprende a sentirse bien consigo mismo y con los demás, además, va descubriendo el infinito potencial que se encuentra en su interior y el de cada persona, con lo que logra desarrollar grandes virtudes que lo ennoblecen y transforman en un ser humano excepcional.

Sin embargo, Tato prefiere conservar su imagen de pato para permanecer siempre en el pensamiento y en el corazón de cada niño, y ayudarlos a descubrir las riquezas y la fuerza que los conecta con el corazón de Dios, con la esencia de la vida, y que es la fuerza que él descubre en su interior en cada aventura, en cada charla. Esa fuerza que conquistó venciendo sus debilidades y flaquezas hasta convertirse en ¡Tato, el pato!, el único pato que es como cualquier niño, que piensa y siente como tú y, por ello, te escucha y te comprende como el mejor de los amigos, y por siempre vive... ¡en tu corazón! Sí, Tato vive en el corazón de cada niño y en el de cada hombre o mujer que tenga corazón de niño.

Tato cobra vida en tu imaginación cuando le envías un pensamiento cargado de amor. O cuando le pides ayuda aparece en tus sueños, y te invita a participar con él en sus aventuras con Raquel Levinstein y su equipo de colaboradores.

Raquel y Tato

Este libro, que originalmente fue escrito para los niños, cobra tintes de eternidad cuando cada adulto que lo lee descubre que en su interior vive un niño pequeñito y frágil que requiere de atención, cuidado y amor, mucho amor: el niño interior que todos llevamos dentro.

Y así, cuando logres despertar la curiosidad y la inocencia de tu niño interior, vas a descubrir que este libro encierra un gran tesoro que te permite enfrentar y transformar tus emociones y al mismísimo miedo; que te permite desarrollar virtudes como la prudencia y, además, despertar la magia y el milagro de la imaginación.

Decía Don Quijote: "Cualquiera puede ganar una batalla, y hasta una guerra, pero muy pocos logran conquistarse a sí mismos". Y así es, el verdadero campeón no mide su grandeza por los pleitos o las batallas ganadas contra los demás, sino por aquéllas que lo han llevado a escalar la cima más encumbrada, la que le ha permitido lograr ¡*la conquista de sí mismo*!

Deseo de todo corazón que este libro sea para ti y para los tuyos, no sólo la armadura y el escudo para enfrentar las más arduas batallas, las que enfrentas contigo mismo, sino también la *corona de la victoria* de todas y cada una de ellas, para convertirte en un ser humano cada vez más grande, más consciente… más libre.

Que Dios te bendiga siempre.

Tu amiga
Raquel Levinstein

Semblanza de Tato

Tato es un pato pequeño, tiene la edad de todos los niños y, por ello, a todos y a cada uno los entiende y escucha.

Tato ama tanto a los niños que siempre había sido su sueño ser uno, como todos. En sus oraciones pedía cada día poder jugar, correr, hablar, reír y hasta llorar, como sólo un niño puede hacerlo. Tanto lo deseaba que en la actualidad él sueña, piensa y anhela como cualquiera de ellos e incluso, también como cualquier niño, enfrenta circunstancias que lo confunden y molestan, lo hacen enojar y sentirse triste.

En ocasiones tiene dudas, inquietudes y problemas que no puede resolver por sí mismo y, por ello, con gran frecuencia, busca el apoyo y la orientación de alguien que ha sabido ganarse su confianza y que, con gran comprensión, amor y disciplina, lo impulsa a buscar solución a sus problemas y a mantener un diálogo consigo mismo, enseñándole a encontrar en su corazón la respuesta precisa, la mejor alternativa.

Tato habita en el mundo de la imaginación y de la fantasía, y se alimenta de los sentimientos y pensamientos de amor que los niños le envían. Ellos son su razón y su motivo, por ello está siempre dispuesto a compartir con sus amiguitos, los niños, sus experiencias, sus conocimientos e incluso sus sueños, y con cada aventura, con cada aprendizaje, los invita a descubrir en ellos mismos el potencial infinito que se encuentra en el corazón de cada uno, así como a proporcionar un sentido nuevo a su vida y todos juntos forjar ¡*un mundo nuevo, un mundo mejor*!

Tato, el pato, en sus continuas aventuras y charlas con Raquel, obtiene gran aprendizaje, una maravillosa sensibilidad y una capacidad impresionante para razonar y analizar cada una de sus acciones y consecuencias, a tal grado que en un momento culminante de su diario deambular, el Supremo Poder le concede el privilegio de convertirse en niño... sí, ¡en un niño de verdad! Pero él renuncia a este privilegio para continuar siendo por siempre ¡Tato, el pato... un poco niño y todo amor!

El encuentro

Tato conoce a Raquel

Una mañana soleada Raquel Levinstein caminaba con placidez por los parajes del bosque que tanto disfrutaba. Ese lugar era su preferido, pues ahí encontraba el silencio y la paz que le permitían meditar y reflexionar sobre diferentes aspectos de la vida. En esos sitios había descubierto, en cada paisaje, en el cantar de las aves, en la caída de las hojas de los árboles que pisaba gustosa como una chiquilla y en cada rincón, un orden y una armonía perfectos en los que percibía la danza armónica y perfecta de la naturaleza, como en la más bella sinfonía.

En esos momentos de soledad y reflexión se sentía plenamente identificada con la naturaleza, y le maravillaba la grandeza infinita del cosmos, del cual consideraba que era un verdadero privilegio pertenecer. En esas repetidas caminatas había obtenido profundos momentos de reflexión e inspiración que plasmaba en sus libros, y encontraba siempre una respuesta para las dudas e inquietudes que le planteaban sus radioescuchas.

En ella no era común percibir rasgos de preocupación o tristeza, pues como decía de manera repetida: "Desde que descubrí a Dios en mi corazón, lo encuentro en cada pensamiento, en lo pequeño y grande en apariencia. En todo momento y en todo lugar lo percibo y lo entiendo. Y en su lenguaje silencioso con el que se dirige a nosotros, me dice que no hay nada que temer, pues Él está siempre con nosotros, aunque nosotros no siempre en Él".

Le costaba gran dificultad comprender cómo era posible que ante el orden, la armonía y la perfección que mostraba la creación, tanto en lo más diminuto como en lo inmenso e infinito, los seres humanos, que sin duda eran una expresión maravillosa e importante del milagro de la vida, del amor de Dios, ya que estaban dotados con todo el potencial para transformar e inclusive crear una realidad pletórica de abundancia, salud, belleza y armonía, vivieran en las condiciones deprimentes que prevalecen en la actualidad.

Quizá por ello, ese día se notaba preocupada y un tanto triste; parecía que el canto de las aves que siempre le embelesaba ni siquiera era escuchado por ella. Y es que en verdad estaba triste y preocupada, hasta un tanto avergonzada, porque sentía que le estaba fallando a Dios al no encontrar respuestas ni caminos para los problemas que los niños estaban enfrentando, siendo que Él siempre le hacía saber de manera especial la respuesta indicada.

Las lágrimas se asomaban a su rostro cuando recordaba que apenas por la mañana había escuchado en un noticiero que un bebé había sido abandonado en plena calle, que día con día aumentaba el número de niños maltratados y que los ejércitos de niños de la calle crecían de manera desquiciada.

Le preocupaba que hubiera niños que destruyeran su cuerpo y su mente no sólo con droga, con alcohol, sino con libros y películas que los trastornaban y los convertían en seres violentos y agresivos o apáticos e indolentes; niños que se hacían esclavos de las maquinitas (videojuegos); otros que le faltaban el respeto a sus padres y maestros.

Raquel pregunta a la naturaleza cómo
puede ayudar a los niños de todo el mundo.

Le preocupaba porque era fácil adivinar en ellos futuros delincuentes y adictos.

Y más aún, le lastimaba que existieran padres que por todo les gritaban e incluso golpeaban a sus hijos, que todo el tiempo peleaban y discutían entre ellos a pesar de que los niños se encontraban presentes. Le dolía también que los padres anduvieran de prisa todo el día, corriendo de un lado a otro, o simplemente durmiendo para descansar, para reponerse de tanta carrera y esfuerzo, sin dedicarles tiempo ni atención a sus hijos.

Su mayor preocupación era que la familia se desintegrara día con día, que se perdieran valores eminentemente humanos, con lo que cualquier persona se convertía casi, casi en animal, en una simple bestia, por lo que era fácil luchar unos contra otros, robar y hasta matar.

En esas cavilaciones se encontraba Raquel cuando escuchó una gran algarabía que la obligó a voltear, y observó a un nutrido grupo de niños que gritaba y corría por doquier.

No salía del asombro y se preguntaba a sí misma: "Qué curioso, ¿niños solos por estos lugares? Tal vez solamente forman parte de mi imaginación, pues hace mucho tiempo que ocupan la mayor parte de mis pensamientos, pero no –se respondió a sí misma–, son reales, tan reales que sus gritos y risas me hicieron volver a la realidad después de haber dedicado un buen tiempo a reflexionar sobre ellos".

Ese brusco regreso del mundo de los pensamientos a la realidad material la tenían confundida, pero, poco a poco, se ubicaba más en el momento, y percibió que los niños vestían uniforme escolar. Recordó que era lunes, al consultar su reloj observó que eran las 10 de la mañana y se dijo: "Sin duda hoy es día de escuela y ahorita es hora de clases, estoy segura de que no es temporada de vacaciones". Por si esto fuera poco, observó que los niños cargaban libros, suéteres y mochilas. Como si de repente se diera cuenta de lo que pasaba, dijo en voz alta: "Están de pinta". Sonrió con ternura, y se levantó decidida a acercarse a ellos para hablarles sobre el riesgo que corrían por esos parajes tan solitarios, además, del enojo y la preocupación que causarían a sus padres y maestros. Le pidió al Poder Superior, con el que estaba acostumbrada a charlar como con un amigo, que le pusiera palabras en sus labios para dirigirse a esos niños e invitarlos a reflexionar sobre las consecuencias de esa inocente travesura.

Sin dudarlo se encaminó hacia ellos, quienes al percibir su presencia corrieron en todas direcciones riendo y gritando frases como "Córrele que nos van a pescar; pamba al que lo agarren; ora sí nos cayó el chahuiscle" y demás; las cuales Raquel ya no distinguía, pues, corriendo a gran velocidad, cada vez se alejaban más de ella. Y así, entre gritos y carcajadas, en menos de lo que canta un gallo, el grupo de niños desapareció de su vista.

Raquel se sentía sorprendida e incluso confundida, todo había sido tan rápido. En silencio se dijo: "¡Mira nada más! Tal vez el deseo tan ferviente de ayudar a los niños en sus problemas cotidianos me hizo ver cosas que no son. Pero en verdad me hubiera gustado tenerlos enfrente para charlar con ellos; para prevenirlos de los grandes riesgos que corren; y para invitarlos a formar un ejército que combata la inconsciencia, ese monstruo que hace que cualquier ser humano olvide su grandeza y herencia divina, y se convierta en un espantajo de mil rostros que se destruye a sí mismo, a quienes lo rodean, incluso a los seres que más dice amar y, por supuesto, al lugar que habita (la Tierra, el planeta que le fue otorgado como su hogar)".

Ella continuó dialogando en silencio consigo misma: "Con los niños estoy segura de que sería fácil desterrar el monstruo de la inconsciencia y los mil rostros que presenta en los humanos sumergidos en esa oscuridad, como el miedo, el odio, el resentimiento, la culpa, el egoísmo y demás espantajos que la habitan.

"Estoy convencida –decía para sí Raquel– de que con ellos, con todos los niños unidos, sería fácil desterrar por siempre el dolor, el sufrimiento y las penas cotidianas que mantienen presa a la humanidad desde hace ya largo tiempo".

Se sentía triste pues estaba como al principio de sus cavilaciones, e incluso peor porque los había tenido tan cerquita. Estaba segura de que la escena que percibió en el bosque no era producto de su imaginación; de que los niños que había observado corriendo, riendo y gritando eran reales, tan reales como el *pants* azul que vestía, como sus tenis, como... "Ya deja de pensar tonterías, Raquel", se dijo para sí, y se dio un fuerte pellizco para comprobar que ella también era real. Un fuerte *auch* salió de sus labios y una sonora carcajada también al percatarse de las tonterías que estaba diciendo y, es más, también haciendo. En silencio decía para sí: "Mira que pellizcarme para comprobar que soy real; compararme con mi *pants* azul, con mis tenis... Ya nada más faltaba que me comparara con las calcetitas brillantes de doña Angy o con los dientes del burro de don Filemón".

De pronto, ahí frente a sus ojos, apenas a unos pasos de distancia, se encontraba un pato de proporciones enormes, a simple vista medía casi dos metros de altura; ante ese espectáculo su confusión y sorpresa se hizo aún mayor. Y se decía: "Pero si es real, claro que lo es, tan real como mi *pants* azul, como mis tenis –ella misma se interrumpió y se dijo–...

Sí, sí, tan real como las calcetitas brillantes de doña Angy y como los dientes del burro de don Filemón". Estos pensamientos le causaron risa, pero era evidente que frente a sí se encontraba un pato muy, muy peculiar. Lo observó con detenimiento, y lo percibió nervioso, confundido y hasta parecía que tenía ganas de llorar.

A primera vista le causó gran ternura; sigilosamente se dirigió hacia él y le dijo: "Hola –era tal su confusión que se había olvidado de que los patos no saben hablar como un humano–, soy Raquel Levinstein". Para su sorpresa, el patito respondió con gran júbilo: "*Cua, cua,* ¿usted es la dotora que sale en el radio, en el programa de *Siempre contigo*?" A lo que ella contestó: "Sí, patito, ésa soy yo".

El patito se puso a bailar, a brincar de un lado para otro y repetidamente decía: "*Cua, cua, cua*". Raquel no salía de su asombro, y más se sorprendió cuando el patito le respondió: "Yo soy Tato, el pato, *cua, cua*. Bueno, en realidad me llamo Fortunato, pero de cariño me dicen Tato, *cua, cua*. Sabe, dotora –se notaba que era un pato pequeño y que le costaba trabajo pronunciar la *r*–, yo había soñado tantas veces conocerla, platicar con usted y... y... *cua, cua*". "Y qué, Tato", contestó Raquel. "Pues, *cua, cua*, que también fuera mi amiga. ¿Sí se puede? Por favor, dígame que sí se puede."

Raquel guardó silencio por un momento, claro que le encantaba la idea de ser amiga de Tato, pero su confusión y los mil pensamientos que atravesaban su mente le impedían hablar. Esos pensamientos que atraviesan con frecuencia la mente de los adultos e incluso la de los niños que van perdiendo la inocencia y la facultad de creer; que le repetían una y mil veces que eso que estaba experimentando no podía ser realidad, que todo era producto de su imaginación. Para probar que todo era realidad, ya iba a comenzar con su cantaletita: "Soy tan real como mis tenis, como mi *pants* azul, como las calcetitas brillantes de doña Angy y como los dien...", pero la presencia evidente del pato y el movimiento que realizó éste obligaron a Raquel a mantener su vista fija en el patito.

En eso observó cómo Tato buscaba con discreción entre sus ropas un objeto que ella no podía distinguir, pues él se volteó hacia la derecha y con toda intención cubría con sus grandes manos el objeto misterioso, parecía que deseaba ocultarlo de la vista de Raquel. Sin embargo, en un ligero descuido de Tato, el misterioso objeto quedó al descubierto, y ella percibió que era... ¡un chupón!, sí, ¡un chupón de bebé!

"¡Vaya! –pensó Raquel para sí–, pero si Tato es un pato bebé, y parece que le da pena que los demás se den cuenta de su pequeñez." Esto le infundió mayor amor y ternura por el patito, lo que la sacó de esos pensamientos tan racionales que le impedían ser como niña otra vez y con toda su fuerza le respondió a Tato: "Sí, Tato, yo también quiero ser tu amiga, tu amiga de verdad".

Tato comenzó a brincar en una pata, saltar muy alto con las dos, bailar con todo el cuerpo y repetir: "*Cua, cua, cua, cua*, Raquel es mi amiga, mi amiga de verdad". Poco a poco se fue calmando y quedó parado quietecito frente a ella, quien con cariño extendió sus brazos para estrechar a su más reciente y peculiar amigo, ¡Tato, el pato!, quien con infinita ternura extendió también sus manos (Tato tiene manos como las tuyas), y ambos se estrecharon en fuerte y cariñoso abrazo.

Este escenario tan peculiar en medio de un bosque, bajo el arrullo de las hojas de los árboles que se mecían con el ir y venir del viento, el trino de las aves que en ese momento entonaban la canción más bella, la mejor sinfonía, y el amparo del calor y la luz del sol que guiñaba un ojo y esbozaba una sonrisa, se hacía cómplice de ese encuentro: ¡Un pato y una dama!, un par de amigos que a partir de ese momento serían inseparables.

Con ese abrazo sellaban un pacto silencioso, que no podía ser expresado con palabras, pues era de amor y de amistad. Era el pacto de dos amigos, de dos amigos de verdad, en los cuales florecía una hermosa y eterna amistad. Y siempre que nace una amistad verdadera, el cielo se viste con su mejor color, las aves entonan los más bellos trinos y la naturaleza entera canta una canción de amor.

La prímera charla

Inicia la aventura

Nadie sabe cuánto tiempo permanecieron abrazados Raquel y Tato, el pato, pues fueron momentos mágicos, tan inmensos como una eternidad y tan breves como un instante. Pero como todo principio tiene su fin, a ese momento mágico y misterioso en el que ellos sellaban su amistad con un abrazo también le tocó su final, y ambos quedaron frente a frente; la emoción que experimentaban era tan grande que ninguno podía articular palabra alguna.

Casi sin darse cuenta comenzaron a caminar juntos por un camino de entre tantos de ese bosque especial, enmarcado con árboles frondosos en diferentes tonalidades de verde, amarillo y naranja; por la **vereda** cubierta por una alfombra de hojas secas que, al ser bañadas por los rayos del sol, reflejaban tonalidades doradas y anaranjadas; y entre el vuelo y el canto de las aves que vestían plumajes de diferentes colores que proporcionaban un especial esplendor al **paraje**, por el cual un pato y una dama **deambulaban** con alegría singular.

En su caminar mantenían silencio, las palabras no salían de sus labios, pero los pensamientos seguían su curso, y Raquel se preguntaba en silencio: "¿De dónde habrá salido este patito tan especial? ¿Cómo es posible que pueda sentir tanto cariño, tanto amor por él, si apenas lo acabo de conocer?" Y como si Tato leyera sus pensamientos le respondió: "Yo vivo en el mundo de la imaginación y de la fantasía, y me alimento de los pensamientos de amor de cada niño y de los de quienes se preocupan por ellos y los aman". Raquel soltó una carcajada, y le respondió a Tato: "Creo que ya voy entendiendo: yo llevaba mucho tiempo pensando en los niños; me preguntaba una y otra vez la forma de ayudarlos, de orientarlos para que descubrieran la fuerza y el potencial que se encuentra en su interior y, así, juntos combatir al monstruo de la inconsciencia que arrastra a la humanidad a la decadencia y la destrucción. Pues estoy segura, Tato, de que con nuestros amigos los niños podemos liberar a la humanidad de las cadenas de esclavitud y el sufrimiento que la ignorancia y la inconsciencia generan".

Y así, casi sin darse cuenta, llegaron hasta la orilla de un río cuyo cauce daba vida a una hermosa y potente cascada, que a su vez desembocaba en un espléndido lago. Éste a simple vista se mostraba **apacible**, no obstante, en el fondo mostraba una gran turbulencia, y en el meritito centro existía un remolino que pocas veces aparecía en la superficie. Este remolino, aunque raras ocasiones era visible para el ojo humano, poseía una fuerza descomunal que arrasaba todo lo que caía en la superficie. El paraje se mostraba esplendoroso y las apacibles aguas del lago invitaban a cualquiera a echarse un chapuzón.

Tato se sintió verdaderamente atraído, comenzó a quitarse los tenis y simultáneamente le dijo a Raquel: "Dotora, estoy tan contento que, si usted me lo permite, *cua, cua*, me gustaría aventarme un clavadito al lago, *cua, cua*. ¡Está tan bonito y tan tranquilo! que, bueno, yo, *cua, cua...*" Tato se encontraba ya casi a punto de lanzarse al lago, pues la gran emoción que lo embargaba le nublaba la razón. Ante esta situación Raquel le dijo con voz firme pero cariñosa: "Detente, Tato". Éste se detuvo sorprendido y respondió: "*¿Cua, cua?*, pero, ¿por qué, dotora?, ¿por qué?" Como respuesta ella le entregó una piedra de regular tamaño y le dijo: "Avienta esta piedra primero, Tato".

El patito tomó la piedra entre sus manos y, no de muy buen agrado, la aventó al lago; cuando ésta apenas rozó la superficie del lago, apareció un enorme remolino que al instante la devoró. La **abrupta** aparición de este descomunal remolino provocó una fuerte sacudida de los árboles, de los cuales cayeron enormes cantidades de hojas al suelo. Y, hablando de suelo, Tato y Raquel se dieron un fuerte sentonazo, pues ese mismo viento los levantó unos cuantos metros y, ¡*zúmbale*!, ahí fueron a dar los dos; el pato y la dama fueron los protagonistas de un tremendo aterrizón.

Raquel fue la primera en hablar: "*Je, je,* ¡ay, Tato!, vaya brusca manera de iniciar una amistad". Ellos ignoraban cuántas aventuras aún tenían que enfrentar juntos. Tato estaba un tanto apenado, parecía que incluso tenía ganas de llorar, Raquel trató de alentarlo y le dijo: «¡Vamos, Tato, levántate; si te duele, sóbate; si tienes ganas de llorar, llora!» Tato respondió: "*Cua, cua,* es que me da pena, dotora, me siento tan tonto, *cua, cua,* qué tal si me hubiera echado un clavado al lago, ¡*cua, cua*!, ya no lo estaría contando, ¡*cua*! Y cuando usted me dijo que me detuviera, *cua, cua,* la verdad ¡me dio coraje! –Tato agregó–. Además, *cua, cua,* el sentonazo que nos dimos, *cua, cua,* ¡éjele que ni siquiera me dolió!" "A mí sí me dolió, Tato", respondió Raquel, quien ya de pie se sobaba por todas partes, ¡hasta las pompis!, y se reía a carcajada **batiente**.

Raquel y Tato salen disparados por los aires.

El aprendizaje

Tato aprende cómo manejar las emociones
y descubre algunos secretos de la inconsciencia

Tato seguía sentado en la pose clásica de un niño berrinchu-
do. De pronto Raquel observó cómo se volteaba con discreción, y tomaba entre sus largas manos el misterioso objeto
que guardaba bajo la playera, ese objeto que ella había observado cuando lo conoció y que, a todas luces, parecía un
chupón de bebé. Ella no quiso avergonzarlo, se volteó hacia
otro sitio y continuó afanosa en su labor de sobarse y sobarse,
de reír y reír.

De repente ella escuchó muy cerca de sí la más fresca y
hermosa carcajada que en su vida había escuchado jamás;
era Tato que, junto a ella, también se sobaba y se sobaba por
todas partes, ¡incluso las pompis!, y reía y reía a carcajada **batiente**. Ambos comenzaron a reír cada vez más y más fuerte
hasta que cayeron **extenuados** en el piso.

Tato, todavía contagiado por la risa, comenzó a decir:
"La verdad, dotora, *cua, cua,* es que sí me dolió mucho, pero
tenía pena de que usted se diera cuenta, *ji, ji, cua, cua,* y más
pena me daba sobarme delante de usted, *ji, ji, cua, cua*".
Cuando Tato terminó de confesar sus verdaderos sentimientos, ambos volvieron a ser presas de la risa, una risa que les
hacía sentir libres e identificados. Poco a poco se fueron calmando y plácidamente se sentaron bajo la sombra acogedora
de un frondoso árbol.

Fue Raquel quien inició la conversación, dirigiéndose a él le dijo: "¡Ay! Tato, hace mucho tiempo que no me reía como ahora, nada más me acuerdo de cómo volamos tú y yo por los aires, *ja, ja, ja*, y tú aguantándote el sentonazo y... y... *ja, ja, ja* –ambos soltaron de nuevo la carcajada y ella continuó–. Mira, Tato, nunca temas expresar tus emociones y menos aún frente a un amigo, un amigo de verdad; pues lo malo, Tato, no es sentir, sino reprimir la emoción, y más grave aún fingir, incluso tratar de disimular, que no te duele un tremendo sentonazo, un sentonazo que hasta al hombre de piedra le hubiera dolido". De buena gana volvieron a reír y a sobarse los dos. Y Tato respondió: "Así que, dotora, *cua, cua*, ¿uno no debe fingir lo que siente? Entonces ¿por qué yo escucho a cada rato que los niños no deben llorar; que los niños y las niñas buenas nunca se enojan; que uno no debe de demostrar lo que siente nunca, nunca, nunca, *cua, cua*?"

"Precisamente por inconsciencia, Tato –respondió Raquel y continuó–, porque nos sentimos avergonzados y culpables por el simple hecho de sentir, e ignoramos que los sentimientos forman parte **primordial** de nuestra vida mental, que sin ellos y las emociones, las cuales son sentimientos también, pero con mucho más intensidad, no podríamos ni siquiera pensar o movernos ni hablar, ya que las palabras expresan sentimientos y pensamientos." Tato, quien miraba con gran atención a Raquel, expresó sorprendido: "Entonces, dotora, *cua, cua*, ¿no es malo sentir, tampoco enojarse, ni llorar? ¡*Cua, cua*!"

A lo que Raquel respondió: "¡Claro que no, Tato, te repito que lo que nos causa daño es reprimir, fingir, ponernos máscaras para aparentar, porque esto nos hace ser hipócritas, lo cual se traduce en un sentimiento de inseguridad, que le proporciona una fuerza descomunal al miedo, la energía negativa que alimenta a la inconsciencia, además, se genera en tu interior una serie de sentimientos negativos como la envidia, los celos, la desconfianza, así como una sensación de conflicto interior que habitualmente te obliga a cuestionarte: '¿Le digo o no le digo, lo hago o no lo hago , le...'" Y Tato interrumpió con un tremendo ¡*cua, cua*! y mencionó: "Me sobo o no me sobo, *cua, cua*". Ante tal ocurrencia ambos externaron de nuevo una sonora y sabrosa carcajada. Con gran ternura e inocencia Tato cuestionó: "Entonces, dotora, *cua, cua*, como no es malo sentir ni expresar lo que siento, *cua, cua*, entonces, *cua, cua*, si yo estoy enojado, llego, le grito, le pego, ¡*pum, pum, zaz*!, ¡le pico los ojos! y, *cua, cua*, ¡le doy de patadas! a quien tenga enfrente, ¿está bien?"

"¡Claro que no, Tato! –respondió Raquel, y le explicó con gran ternura–, los demás no son culpables de lo que tú sientas, y así como tú tienes derecho a sentir y expresar tus emociones, también tienes la obligación de respetar tanto los estados de ánimo de los demás como a las personas mismas –la cara de sorpresa que tenía Tato le hizo comprender que había cierta confusión en el patito, por lo que agregó con cariño–. Mira, Tato, si tú estás enojado por algo, debes hacerle caso a tu emoción y no tratar de disimular tu enojo, pues esto lo podrás lograr sólo por un tiempo, pero el enojo sigue creciendo dentro de ti hasta que ¡*zaz*!, cuando menos piensas la emoción explota y hace que te enojes con todo mundo, que digas cosas muy feas que después te hacen sentir avergonzado y culpable, e inclusive es probable que puedas llegar a golpear y lastimar a alguien."

"¡*Cua, cua*!", respondió Tato con cara de gran sorpresa y admiración. Raquel le acarició el rostro y, con una sonrisa dibujada en él, continuó: "Verás, Tato, para ilustrar lo que te comento voy a poner un ejemplo: si tú pones una olla exprés sin ninguna válvula de escape en el fuego, ésta va acumulando presión hasta que llega el momento en el que explota y nadie la puede contener. Esa explosión puede causar daños muy severos a todo lo que se encuentre a su alrededor, incluso lastimar seriamente a alguna persona cercana". "¡*Cua, cua*! –respondió Tato–, creo que ya voy entendiendo: si la olla exprés no tiene válvula de escape, entonces, *cua, cua*, puede explotar y lastimar a quien se encuentre cerca. Pero, *cua, cua*, yo sólo soy un patito y no tengo una válvula de escape como la olla. ¿Cómo le hago para no explotar ni lastimar a los demás, *cua, cua*, ni a mí mismo?"

Al observar el gran interés que Tato mostraba por aprender, Raquel continuó con su explicación: "Es cierto, patito, ni tú ni los niños (y de hecho ningún ser humano) poseen una válvula de escape integrada, pero sí poseemos el privilegio de poder crearla con nuestros pensamientos y actitudes". "¡*Cua, cua*!", respondió Tato, quien mostraba cada vez mayor interés.

"Para crear nuestra válvula de escape –continuó Raquel–, el primer paso es aceptar la emoción. En este caso, el reconocer y aceptar que te encuentras enojado sería como si colocaras una válvula de escape, ¿estamos de acuerdo, Tato?"

Asintiendo con la cabeza Tato respondió: "¡*Cua, cua*!" Segura de que el pato había entendido, Raquel le dijo a Tato: "Cuando tú reconoces tus emociones y las identificas, ya hablamos de que te das cuenta de lo que sientes y con sólo este hecho utilizas un nivel superior al del mundo de las emociones, que es el mundo de la razón, lo cual te transforma en un patito inteligente". "¡*Cua, cua*!", respondió emocionado Tato. A todas luces se notaba que él disfrutaba de esa conversación y, más aún, de descubrir que cuando utilizaba la capacidad de analizar y razonar sobre su estado emocional se convertía en un pato muy inteligente.

Raquel lo miraba complacida y agregó: "Bueno, Tato, ahora es importante que sepas que no basta con colocar la válvula de escape en la olla exprés, sino además permitir que, en efecto, por ese conducto salga el vapor que se va acumulando dentro de la olla". Con un tremendo ¿cua? Tato interrumpió a Raquel y le cuestionó: "Pero, *cua*, ¿los patitos y los niños cómo pueden sacar el coraje? Porque, mire, dotora, *cua*, *cua*, ya, ya entendí que cuando reconozco y acepto que estoy enojado me convierto en un patito inteligente y, *cua*, entonces la emoción ya no me gana".

"Exacto, Tato –respondió Raquel, y continuó–, cuando tú reconoces y aceptas una emoción (la cual, Tato, ya quedamos que es también un sentimiento pero mucho más intenso y profundo) o un sentimiento, te encuentras en la posibilidad de controlarlos, conducirlos y hasta transformarlos. Y precisamente cuando una persona se encuentra emocionada, comete los más grandes errores, y dice y hace cosas que después la hacen sentir culpable y avergonzada." "¡*Cua, cua*!, ya, ya voy entendiendo –respondió Tato–, pero todavía no me dice cómo puedo sacar la emoción para que no se quede en mí y ¡no explote como una olla exprés, como una bomba, *cua, cua*!"

El patito y Raquel soltaron una sonora carcajada de tan sólo de imaginar a Tato explotando como olla exprés. Ella, con gran ternura, se apresuró a contestar: "Tienes razón, Tato, no basta con ser un patito inteligente y reconocer que tienes una emoción si no aprendes a manejarla, esto es, a sacarla de tu interior sin dañar, pues si no haces esto último, la emoción seguiría creciendo dentro de ti y entonces sí, ni remedio, ¡*boom*!"

Ambos emitieron una sabrosa carcajada, y Raquel entusiasmada continuó con su explicación: "Una vez que reconoces y aceptas tu emoción, sobre todo cuando es ira o coraje, es muy conveniente que le pegues fuerte a un cojín o a una pera –la mirada desorbitada de Tato le provocó una sonrisa a Raquel, quien de inmediato agregó–, pero no de las de comer, Tato, *ja, ja*, sino de ésas que utilizan los boxeadores para entrenar". Ambos soltaron una sonora carcajada. "¡*Cua, cua*!, ya entendí, dotora –respondió Tato– yo ya me había imaginado, *cua, cua*, dándole duro a una pobre pera de ésas que se comen, *pum* y *zaz* y *pum*, hasta que, ¡*cua, cua*!, la perita se hacía puré y me salpicaba todo, *cua, cua*."

La inocencia con la que Tato expresaba sus pensamientos le inspiraba gran ternura a Raquel, quien con cariño le acarició una mejilla y le entregó la mejor de sus sonrisas para continuar con la explicación de cómo sacar y transformar las emociones: "Ése es precisamente el problema, Tato, cuando **volcamos** nuestro coraje, nuestra ira sobre algo o alguien inocente, siempre regresa hacia nosotros un mal mayor, no sólo a nivel físico o material, como en el supuesto caso de que hubieras desquitado tu coraje con una pobre e indefensa perita y tú acabaras ¡bañado de puré de pera!, sino que también la culpa que surge de la parte oscura de tu mente, del nivel más profundo de la inconsciencia y precisamente sin que tú lo percibas ni te des cuenta, la culpa se va apoderando de tus pensamientos y sentimientos, de tal manera que te vas programando para el castigo y el sufrimiento repetido".

"Sí, Tato –continuó Raquel–, ése es el gran poder de la inconsciencia, pues la persona no se da cuenta de lo que hace, vamos, ni siquiera de lo que dice, mucho menos de la transformación que va sufriendo en su interior, pues no puede percibir cómo el reino de las sombras la va cubriendo y aniquilando poco a poco, ya que no nota las consecuencias de lo que dice ni que con sus palabras y sus actos genera mucho daño y destrucción, no sólo a los demás, sino también a los que más dice amar, sino a sí misma. Y así, sin darse cuenta, la persona que ha sido invadida por la culpa dice y hace cosas que cada vez la hacen sentirse peor, al grado de olvidarse de que es un ser humano o un patito tan especial como tú." En esos momentos los ojos de Tato parecían grandes platos, tan grandes como el tamaño de la sorpresa que le causaba escuchar lo que decía Raquel.

"Por eso, Tato –continuó Raquel–, cuando uno no controla las emociones y dice y hace cosas que dañan a los demás, en tu interior, en el mundo de la inconsciencia, que es el lugar de tu mente en el cual no te das cuenta de lo que pasa... –de nuevo la mirada desorbitada de Tato hizo comprender a Raquel que éste se encontraba confundido con eso de la inconsciencia, por lo que con gran ternura agregó–. Tu mente es como el océano, Tato, los pensamientos de los cuales puedes darte cuenta (es decir, de los que estás consciente o sabes que los estás teniendo) son el equivalente a las olas que vienen y van en la superficie, y que muy bien puedes observar". "¡Cua, cua!", respondió Tato con gran alegría. No cabía la menor duda que Tato disfrutaba mucho cuando aprendía algo nuevo e interesante, sobre todo, cuando este conocimiento le permitía conocerse un poco mejor y entender a sus amiguitos, los niños y también, sin duda, a cada ser humano.

Raquel prosiguió con la explicación respecto a la inconsciencia: "El mundo de la inconsciencia, Tato, equivale a lo que se encuentra bajo la superficie del mar, es decir, lo que no puedes ver –Tato puso cara de sorpresa y con un tremendo

¡cua, cua! le dio a entender a Raquel que ya había entendido, y ella de forma cariñosa continuó con su relato–. En este mundo de la inconsciencia, Tato, hay zonas de gran claridad, de infinita y amorosa luz que aún son desconocidas no solo por ti, sino por la gran mayoría de los hombres y, por supuesto, de los niños también. Cuando las descubres, Tato, te conviertes en un ser poderoso y bondadoso, en un caballero del reino de la luz. Y, déjame decirte, Tato, que sólo los caballeros de la luz tienen el poder de combatir contra los habitantes del reino de la inconsciencia que pertenece a la oscuridad, porque también, Tato, en el mundo de la inconsciencia existen zonas en las que prevalecen la oscuridad y las tinieblas, las cuales llamamos *subconsciencia* y equivale a la parte obscura, a la *noche de la mente*. En este sitio habitan toda clase de monstruos, fantasmas y espantajos entre los que destacan la culpa, que es precisamente de la que te estaba hablando antes de explicarte algo sobre la inconsciencia".

Como siempre que Tato había comprendido algo respondió: "¡*Cua, cua!*", y asintió con la cabeza. Raquel, que observaba con detenimiento cada expresión de Tato, se sintió alentada a seguir adelante con la explicación: "Por eso, Tato, jamás debes permitir que tus emociones hagan víctima a alguien inocente, pues, como ya te expliqué, el mayor riesgo no es el que se presenta a nivel físico o material, sino en tu interior, en tu mente. Como ya habrás comprendido, el mayor daño que puede sufrir un ser humano y, desde luego, tú, Tato, es perder la conciencia, que es la capacidad de darse cuenta, de permanecer alerta. Y, sobre todo, patito hermoso, cuando tú no eres dueño de tus emociones, con facilidad puedes caer en las garras de algún espantajo del mundo de la inconsciencia oscura, que siempre va acompañada de la ignorancia y con ella del sufrimiento, el cual, con toda su **gama** de manifestaciones, se va apoderando de forma **paulatina** de ti, hasta que tu vida se transforma en un infierno que te esclaviza y destruye, no sólo a ti, Tato, sino a todos tus semejantes, en especial a las personas que son más importantes en tu vida, a las que más amas".

"¡*Cua, cua*! –exclamó Tato y agregó–. Yo no quiero sufrir ni causar daño a nadie, *cua, cua*, yo lo que quiero es que todos mis amiguitos, sus papás y sus primos, *cua, cua*, todos, todos sean muy felices, *cua, cua*." A lo que Raquel le respondió: "Claro, Tato, yo sé que tu deseo sincero es ver felices a todos los niños y a todas las personas, sé que tu sueño es ver cómo se reinstala la armonía y la paz entre los hombres de todas la edades y de todas las razas. Y, por eso, hay que tener mucho cuidado, pues cuando la inconsciencia se apodera de ti, el mayor sufrimiento que genera es que todo lo que deseas, cuando parece que ya lo vas a conseguir, ¡zaz!, desaparece; aquello de lo que pretendes escapar te ata con cadenas y candados a la esclavitud de la inconsciencia y la ignorancia; de todo lo que pretendes, siempre consigues lo contrario. Por ejemplo, Tato, si buscas amor, lo que encuentras es desamor; si buscas compañía, lo que encuentras es soledad; si buscas dinero, hasta sales debiendo. Éste es el triste inventario de una persona inconsciente. Siempre desea sólo lo mejor, pero consigue lo peor, y cada vez se siente más y más culpable, con lo que genera mayor inconsciencia y sufrimiento; así, el monstruo del miedo, que es el rey de la oscuridad, se hace enorme, enorme, por eso las personas inconscientes son siempre inseguras, a pesar de que tratan de aparentar lo contrario".

"¡*Ay*, qué feo es eso de ser inconsciente!", exclamó Tato. "Y eso no es todo, Tato –añadió Raquel–, para una persona inconsciente las puertas del reino de la luz y la claridad se cierran, y todo se vuelve oscuro y tenebroso, hasta los sueños se convierten en pesadillas, y tanto los hombres como los niños pelean unos contra otros, destruyen su cuerpo y su mente. Además, se vuelven mentirosos y tramposos, pues ignoran que quien miente a los demás en realidad se está mintiendo a sí mismo y finalmente cae víctima de su propia trampa."

Ansioso, Tato interrumpió a Raquel y le preguntó: "Dotora, *cua, cua*, pero entonces, *cua, cua*, ¿cómo se puede salir del mundo de la inconsciencia y la ignorancia?, *cua, cua*".

Ella respondió de buen grado: "Basta con el sincero deseo de cambiar y enfrentar con gran valor a los monstruos y espantajos de la inconsciencia para conquistar la libertad y la armonía del espíritu, ya que al reino de la luz sólo pueden entrar los nobles de espíritu y bondadosos de corazón. Así que –continuó Raquel– con un acto de gran valor y nobleza podrían ser abiertas de nuevo las puertas del reino de la luz y la claridad para toda la humanidad".

"¡*Cua, cua*! –respondió Tato–, *ji, ji*, creo que ya entendí, dotora: si yo desquito mi coraje con alguien corro el riesgo de que me castiguen, me peguen o me digan cosas feas, *cua, cua*, o de que me vaya peor, *cua, cua*. Pero lo más grave es que la culpa, que es un espantajo del reino de la inconsciencia, *cua, cua*, de la parte oscura de la mente, ¡*ay*!, *cua, cua*, se apodere de mí. Entonces, *cua, cua*, yo solito hago y digo cosas que me van destruyendo poco a poco, y, *cua, cua*, no sólo a mí solito, sino a los demás, hasta a los que yo quiero tanto, ¿verdad, dotora?, *cua, cua*."

"Así es, Tato –respondió Raquel y continuó diciendo–, pero, como el coraje y la ira son dos emociones que difícilmente puedes evitar experimentar cuando algo te molesta o te agrede, lo peor que puedes hacer es reprimir o disfrazar la emoción aparentando que nada ha pasado, que todo está bien dentro de ti, pues esto te convierte en **hipócrita**. Además, esas emociones negativas van creciendo dentro de ti hasta que, ¡*boom*!, explotas como bomba –ambos rieron de buena gana y ella prosiguió con su charla– pero recuerda, Tato, que lo más grave pasa en tu interior cuando permites que tus emociones te dirijan, es decir, cuando te dejas llevar sólo por el sentimiento, cuando no haces uso de la razón ni reconoces que estás molesto, enojado o hasta **iracundo**. Entonces es posible que desquites tu ira y tu coraje con víctimas inocentes que no son las responsables de tus emociones, pues aún en el supuesto caso de que ellos hubieran dicho o hecho algo que te hiciera enojar, el único responsable de tus emociones eres ¡tú mismo!, Tato."

La cara que puso Tato **denotaba** que no había sido muy de su agrado lo último que había mencionado Raquel, desde luego que no era grato el solo hecho de pensar en que los demás no eran culpables de sus emociones ni que, a pesar de que alguien hubiera dicho o hecho algo que lo molestara, sólo él mismo, y nadie más, fuera el responsable de sus emociones. Claro que este descubrimiento no era grato para Tato ni para niño alguno, ¡vamos!, ni siquiera para cualquier adulto, pues no dejaba de ser cómodo el pensar que los demás eran los verdaderos responsables de nuestros enojos, berrinches y explosiones de ira, entre tantas *chuladas* más.

Raquel sabía que esta gran verdad era difícil de aceptar hasta para una persona mayor, más para un pequeño patito que, impulsado sólo por el gran amor que sentía por los niños, estaba aprendiendo los secretos que hacían libres o esclavos a los hombres. Por eso, ella le respondió con otra gran verdad: "Sí, Tato, entiendo que no resulta grato ser responsable de nuestros actos, de nuestros sentimientos y emociones, incluso se genera miedo y angustia con el solo hecho de pensarlo.

También sé que resulta más cómodo tener a alguien a quien culpar, alguien o algo en lo que podamos justificar nuestros errores, Tato, pero esto te convierte en un ser inconsciente e irresponsable, te impide descubrir las puertas del reino de la luz, que se encuentran dentro de ti, y te encadena a ser toda la vida un patito negligente, inconsciente e ignorante, que siempre destruye, sufre y causa sufrimiento a los demás. ¿Te gustaría experimentar esto, Tato?"

"¡*Cua, cua*!, no, no, claro que no", exclamó Tato con gran sorpresa, pues él nunca se había imaginado que el no ser responsable de sus emociones se tuviera que pagar tan caro, tan caro que toda persona que no se hiciera responsable de sus emociones ni de sus actos perdiera la conciencia, y con ello cayera atrapada en las garras de la inconsciencia y la ignorancia (que siempre van juntas) para experimentar día con día un infierno de sufrimiento, dolor, soledad y destrucción.

Raquel pensó que era momento de cambiar el tema de la conversación, pues Tato contaba ya con muchos elementos para reflexionar y aprender, por lo que a modo de conclusión le dijo al patito: "Entonces, Tato, que no se te olvide jamás que, si bien a simple vista resulta más cómodo dejarte llevar por las emociones, como quien dice *montarte en ellas*, sin utilizar el privilegio de la razón, eso te convierte en un ser inconsciente y destructivo, y ya sabes qué caro se paga el vivir de esta manera.

"Además, Tato –continuó Raquel–, recuerda que cuando reconoces y aceptas las emociones utilizas el privilegio del mundo de la razón, lo cual te transforma en un patito inteligente. Cuando permites que tus emociones fluyan teniendo el cuidado de no dañar a alguien, ni siquiera a ti mismo, se desarrolla dentro de ti la nobleza, que es una virtud suprema. Y cuando sacas las emociones destructivas, como el enojo y la ira, no sólo golpeando algún objeto, como un cojín o una pera (una pera de box, eh), sino corriendo, escribiendo en un papel sobre las emociones que experimentas, sobre sus posibles causas y la o las personas involucradas en éste, te conviertes en un gran mago, pues todo este proceso, te permite transformar la ira en alegría, armonía y paz, ya que la ira poco a poco se desvanecerá y, con ello, Tato, te conviertes en un genuino y auténtico triunfador, el que logra dominarse a sí mismo, pues como decía Don Quijote de la Mancha (en la obra cumbre de la literatura española, creación de don Miguel de Cervantes Saavedra): 'Es fácil ganar una batalla, incluso una guerra, pero sólo puede considerarse triunfador aquél que se domina a sí mismo'."

"*Cua, cua*, yupi, yupi –exclamó Tato con gran entusiasmo–, eso sí que me gusta, ser un triunfador, un verdadero triunfador, ser dueño de mis emociones, además, combatir a la inconsciencia y dejar de ser esclavo de la ignorancia es, *cua, cua*, ¡sensacional!, yupi yupi , *cua, cua*."

Tato se convierte en un triunfador al enfrentar
a los espantajos de la inconsciencia.

El chupipoder

Tato descubre los principios eternos del reino de la luz

Tato y Raquel guardaron un momento de silencio, el patito tenía la vista fija en el agua que corría apacible por el río, mientras que ella contemplaba **embelesada** el vuelo de las aves y escuchaba fascinada sus trinos. La charla que ambos habían sostenido sobre las emociones y la inconsciencia había logrado que Tato se quedara cavilando sobre todo lo que había aprendido y las formas que utilizaría para comenzar a ser dueño de sus emociones y, sobre todo, para jamás ser esclavo de la inconsciencia ni de la ignorancia. Y, desde luego, ahora que sabía sobre los **estragos** que éstas generaban, se preguntaba, al igual que Raquel, por la manera de ayudar a la humanidad a salir del **yugo** de éstas, principalmente a los niños, que eran sus amiguitos y que tanto, tanto amaba.

De pronto, tanto Raquel como Tato percibieron una luz multicolor que aparecía en todo el paisaje que los rodeaba y abarcaba hasta donde la vista alcanzaba. Cuando de repente voltearon a verse uno al otro ¡cuál sería su sorpresa al observar que ambos irradiaban también luz multicolor! Aunque de ésta prevalecían en Raquel la luz blanca, la rosa y la dorada, mientras que, en Tato, los colores prevalecientes eran el verde y el rosa.

"Qué maravilla, Tato ¿ tú ves lo que yo veo?", le preguntó al patito. Tato estaba tan sorprendido que no podía emitir sonido alguno, ni siquiera un *cua, cua*. Sólo abría los ojos hasta el grado que parecía que se le iban a salir de la **cavidad** ocular.

Y miraba para un lado y miraba para el otro, y en todo lo que
pasaba por su vista parecía danzar una **sinfonía** de luz, armonía y libertad. Ambos permanecieron en silencio, tomados de
la mano como lo hacen los buenos amigos, los amigos de verdad, y observaron con gran respeto y sorpresa el maravilloso
espectáculo que la naturaleza les regalaba en ese momento
tan especial.

El torrente de agua que transitaba en el río y la cascada
comenzó a tomar forma de gotitas de agua multicolor, de las
cuales salían rayos de luz de los colores del arcoíris y de su
centro comenzaron a **emerger** diminutas bailarinas de *ballet*,
que giraban y giraban, levantando una pierna para un lado
y la otra para el otro, se tomaban de las manos y juntas danzaban al compás de la sinfonía que entonaba el silencio, el
que sólo en muy pocas ocasiones alguien logra percibir, pero
cuando lo atiende escucha la más bella melodía que oídos humanos alguna vez pudieran escuchar, una sinfonía de amor y
de libertad. En aquellos momentos ésta era adornada por el
canto de las aves y el arrullo de las hojas de los árboles al ser
tocadas por el viento; otros acordes los brindaban también las
hojas de los árboles al caer. Las florecillas silvestres parecían
imitar a las bailarinas de las gotitas de agua: se balanceaban
para un lado y después para el otro, se tomaban de las manos
(en esos momentos también eran como bailarinas vestidas
de flor, con manos y pies como los tuyos), y giraban y giraban destellando luces de mil colores.

Pero lo más impresionante era observar las luces, luces
de todos los colores, más brillantes que los rayos del sol, rayitos de luz que se entrelazaban unos con otros, tejiendo telara-
ñas de armonía, amor y amistad. La luz era una sola, parecía
venir desde lo más alto del cielo, que ese día mostraba una

azul claro y especial, pero parecía también que la luz emergía del centro de cada criatura, y al irradiar hacia afuera se enlazaban con lo demás. Esa maravillosa e indescriptible luz parecía emerger también de la tierra misma, de la frágil hierba que cubría los prados, de las flores y de todo lo que componía ese sitio sin igual. A primera vista parecía que todas las criaturas bañadas por la luz eran una sola; ya en detalle cada una se mostraba diferente, única y singular.

El espectáculo de luz fue desapareciendo paulatinamente, pero había dejado en Raquel y en Tato un recuerdo imborrable, un efecto especial y profundo, pues ambos, aunque sea por sólo unos instantes, habían experimentado ser uno solo. Sí, uno solo, no sólo con ellos mismos y entre ellos, sino con la naturaleza entera, con la criatura más diminuta, hasta con el magno y esplendoroso sol, nuestro astro rey, y con algo más grande que todo junto, más grande que la vida misma, más grande e infinito que el cosmos, más grande que todo lo grande que te puedas imaginar, y que de forma inexplicable sentían como si formara parte de su corazón, como si fuera la esencia de ellos mismos… sí, alguien tan grande y especial que es la esencia misma de todas las cosas, que, sin que te des cuenta, ocupa desde siempre un sitio en lo más profundo del corazón, y, sólo si tú se lo permites, habla cuando guardas silencio y se expresa en las cosas más sencillas y aparentemente pequeñas, así como en lo más grande y espectacular.

Tal fue el impacto del momento que por las mejillas de ambos rodaban discretas lágrimas de alegría, de dicha infinita. No cabía la menor duda de que aquella experiencia les había regalado a ambos algo excepcional y nunca antes experimentado. Guardaron silencio por un lapso, como si con

Raquel y Tato descubren la luz que une al universo.

su silencio quisieran sellar ese instante compartido en la memoria de la eternidad.

Fue Tato quien, con frescura e inocencia, le comentó a Raquel que se sentía tan especial, tan diferente, que dudaba de que hubiera sido real, diciendo: "Oiga, dotora, esto que acabamos de sentir, *cua, cua,* ¿fue real o sólo fue producto de la imaginación, *cua, cua,* de la imaginación de los dos al mismo tiempo?" Sin duda Tato se encontraba confundido, por lo que Raquel ni tarda ni perezosa le respondió: "Estoy segura de que fue real, Tato, tan real como mis *pants* de color azul, como mis tenis, como las calcetitas de doña Angy y como los dientes del burro de don Filemón". Tato sólo atinaba a abrir y abrir los ojos, señal de que seguía confundido, pues ignoraba quién era doña Angy y quién don Filemón y también cómo eran los dientes del burro de tal señor.

Desde el primer encuentro de Tato con Raquel, para ambos era fácil comunicarse con los pensamientos, tan fácil que a estas alturas ya a ninguno le sorprendía que pudieran entender con tanta claridad lo que el otro pensaba, por lo que Raquel pretendió hablarle a Tato sobre esta cantaletita que ella misma inventó cuando, antes de conocerlo, ella misma había dudado del parloteo y los gritos del grupo de niños que observó corriendo de un lado a otro, y que fue lo que la atrajo hasta el lugar en donde se conocieron. También quiso hablarle de doña Angy, de don Filemón y su burro, el cual poseía sendos dientotes, pero le pareció más apropiado dejar esta conversación para otra ocasión y platicar con Tato acerca de la magnífica experiencia que ambos habían compartido apenas hacía unos momentos.

"Esto que ambos acabamos de observar es la genuina verdad, Tato –mencionó Raquel y continuó hablando–. Todos los seres vivos, la vida misma, surgen de la luz. La esencia misma de la vida es de luz, la cual posee inteligencia, amor, armonía, belleza, abundancia infinita y, en fin, Tato, todo lo bueno que puedas imaginar."

Tato respondió presuroso: "Y, *cua, cua*, entonces ¿por qué nunca vemos esto tan bonito?, *cua, cua*, ¿por qué en la vida real hay tantos pleitos y tantos problemas y tanta gente pobre y... *cua, cua*?" "Porque ésa es la más grave tragedia de la humanidad, Tato –respondió Raquel y agregó–, porque hemos olvidado quiénes somos, cuál es nuestra esencia, cuál es nuestra verdad, y porque hemos caído en las trampas de la inconsciencia. Ya te platiqué algo sobre ella y sobre los recursos que utiliza, como la culpa y el resentimiento, entre muchos, muchos más, para destruir a los humanos, incluso a los niños, hasta a los más pequeños."

Hablar sobre este tema provocaba en Raquel un sentimiento profundo de nostalgia y de tristeza, tanto así que sin duda ella se encontraba muy triste en esos momentos, de manera que, casi sin que se diera cuenta, unas finísimas lágrimas rodaban por sus mejillas. Tato, al percibir su tristeza, trató de consolarla, pero no sabía cómo hacerlo y se puso nervioso. Y, como en otras ocasiones que esto pasaba, discretamente se volteó y tomó entre sus largas y finas manos el objeto misterioso, que desde la perspectiva de Raquel parecía un simple chupón de bebé.

Ella, respetuosa, hizo el intento de pararse para dejar a solas a Tato, parecía que el contacto con ese objeto lo confortaba y hacía sentir bien. La preocupación por el estado afectivo del patito nubló por un momento la clara comunicación de pensamientos que se había establecido entre ambos, por lo que ella ignoraba que el patito sólo trataba de consolarla y quería compartir con ella algo sumamente valioso e importante para él.

De pronto la mano de Tato sobre su hombro la hizo desistir de su intento, más aún cuando el patito colocó en sus manos el hermoso chupón con tal cuidado, con tanta ternura e infinito amor, que ella comprendió de inmediato que el patito le estaba entregando en ese momento su más grande tesoro, algo sin duda excepcional.

Y como tal cosa lo recibió, no sólo por guardar la apariencia o por *darle el avión*, sino que lo hizo con gran reverencia y con todo el corazón. Era tal la emoción que embargaba a Raquel que sólo atinó a decir: "Gracias, muchas gracias, Tato, pero dime, patito, ¿qué es esto, de qué se trata?" El patito, cariñoso, le respondió: "*Cua, cua*, es mi... ¡*chupipoder*!" "¿Tu *chupi...* qué?", respondió sorprendida Raquel. A lo que Tato contestó: "Mi *chupipoder*, dotora, lo uso cuando me siento triste, cuando tengo miedo, cuando tengo ganas de llorar, *cua, cua*, en fin, cuando me siento mal, *cua, cua*. Cuando lo toco, ¡*cuá, cuá*! –continuó Tato–, me acuerdo de que en realidad soy un patito pequeño, casi un bebé y, *cua, cua*, de repente me siento grande y fuerte otra vez".

"¡Qué maravilla, Tato –contestó Raquel y agregó–, ¡claro que es un *chupipoder* si con el solo hecho de tocarlo recuerdas que en ti se encuentra un patito bebé, que necesita ser escuchado, abrazado y consolado!"

"¿Verdad que sí, dotora?", respondió Tato de inmediato. "Claro que sí, pequeño patito –le contestó Raquel y además le dijo–. Si cada ser humano pudiera recordar que en su interior se encuentra un niño pequeñito y frágil, atrapado en un cuerpo de adulto; si aceptara que ese pequeño es él mismo de un ayer lejano y que requiere amor, aceptación y el mensaje continuo de ser importante, único y especial; si cada ser humano lograra abrazar y llenar de amor a su niño interior, la inconsciencia perdería todo su poder, y la humanidad entera podría conquistar de nuevo el reino de la luz, el cual le pertenece. De hecho, es su esencia misma, pero precisamente por inconsciencia e ignorancia pretendemos parecer adultos maduros y enfrentamos las más grandes responsabilidades de la existencia, incluso la de ser padres o gobernantes, con el alma destrozada, embargados por el temor, la inseguridad y con el corazón fracturado por el llanto desgarrador de ese niño pequeño, que vive en cada ser humano independientemente de la edad, el sexo y las circunstancias."

Ella guardó silencio por un instante, y Tato, respetuoso, tampoco emitió sonido alguno, aun cuando con los ojos le decía suplicante que continuara con la explicación que le estaba ofreciendo. Como si Raquel escuchara la solicitud de Tato, continuó: "Sí, Tato, si todos tuviéramos en nuestro poder un *chupipoder* como el tuyo, un objeto que nos recordara que en el interior de cada adulto vive un niño pequeñito y frágil, que le hiciera recordar que tenemos derecho a sentir, que tenemos la necesidad de ser escuchados, abrazados, amados hasta por nosotros mismos, la inconsciencia no tendría poder alguno sobre las personas –al ver el interés de Tato Raquel continuó–. Así es, Tato, si cada persona pudiera recordar que es precisamente ese niño pequeño ignorado y abandonado en las profundidades de la inconsciencia el que nos impulsa a repetir una y otra vez aquello que un día desgarró el alma de niño, aquello que incluso nos robó la niñez y que juramos jamás volver a repetir en nuestra vida. Esto se convierte precisamente en la pesadilla constante que nos hace fotocopiar el pasado y dañar a quien más amamos, ¡hasta a nuestros hijos!, a traicionar a nuestros amigos, a dañar y a destruir. Eso, Tato, olvidar que en todo adulto se encuentra un niño abandonado, es lo que le brinda todas las oportunidades inimaginables a la inconsciencia para esclavizar y aniquilar a la humanidad. Pues, como ya te expliqué, Tato, cada vez que cometemos algo que daña a los demás o a nosotros mismos, aparece el espantajo de la culpa, el monstruo del miedo y la inconsciencia se va apoderando del individuo".

"¡*Cua, cua*!, qué feo, dotora, eso no me gusta –respondió Tato y enseguida cuestionó–, *cua, cua*, bueno, dotora, *cua, cua*, eso pasa con los adultos, pero ¿qué pasa con los niños?" Raquel le contestó de inmediato: "Con los niños pasa algo similar pero más grave, pues el dolor y el sufrimiento que genera la inconsciencia hacen que sean blanco de brutales agresiones que les van robando la niñez". "¡*Cua, cua*!", respondió Tato quien sólo atinaba a abrir los ojos, como siempre lo hacía cuando se encontraba sorprendido o confundido. Ella le quitó la cachucha y le dio un beso en la cabeza, enseguida le colocó de nuevo la cachucha, pues percibió que sin ella se sentía raro y hasta incómodo (quizá se sentía raro e incómodo, no sólo por haber sido despojado de su cachucha, sino por el beso inesperado que le regaló Raquel, pues hay que recordar que Tato es un pato pequeño, que tiene la edad de todos los niños y a los niños no les gustan los besos de las mujeres). Raquel, comprensiva, colocó inmediatamente la cachucha en la cabeza de Tato y prosiguió con la explicación: "Mira, Tato, lo más grave que le puede pasar a un niño precisamente es dejar de ser niño. Sí, Tato –insistió Raquel, cuando sorprendió a éste con una mirada descomunal–, cuando un niño realiza algo que lo hace sentir culpable o constantemente se le **atribuyen** faltas que lo hacen sentir culpable, cuando siente que no es querido, que es rechazado por alguna razón, o cuando deja de sentir que es importante, único y especial, comienza a perder la confianza en sí mismo; comienza a dejar de creer en él mismo, en los demás, en la vida y hasta deja de creer en Dios o en un Poder Supremo, como cada quien pueda entenderlo. Y es entonces cuando el niño deja de ser niño y actúa como adulto inconsciente, y con ello se apoderan de él los fantasmas y espantajos de la inconsciencia; por lo que sin darse cuenta se va convirtiendo en un mentiroso, tramposo, flojo y apático que fácilmente puede **embaucar** a los demás y engañarse incluso a sí mismo. Y también cae con facilidad en las garras de la droga, el alcohol y tantas, tantas cosas más, que cada vez lo van haciendo sentirse más y más culpable. Y, así, Tato, es el cuento de nunca acabar: cada vez más culpa, más inconsciencia, mayor daño, destrucción y de nuevo más y más culpa, más inconsciencia… Así, Tato, el reino de la oscuridad se apodera día a día de la humanidad, esclavizándola y llevándole **inminentemente** hacia la destrucción, el sufrimiento y la soledad".

La mirada perdida de Tato le hizo comprender a Raquel que éste ya no la escuchaba y, efectivamente, el patito en esos momentos reflexionaba sobre sus actos. Recordó que él se encontraba en ese lugar porque había mentido, porque había hecho trampa y se había ido de pinta con sus amiguitos. Sin darse cuenta comenzaron a asomar lágrimas por sus ojos, sin duda Tato se encontraba arrepentido, pero también se sentía triste y culpable. Ahora que comenzaba a entender muchas cosas, se dio cuenta de que él también había incurrido en tremendos delitos de inconsciencia y no sabía si podría salir del reino de la oscuridad que se apodera de todo niño y de todo adulto que miente o hace cosas que pueden dañar tanto a sí mismo como a los demás.

Para Raquel eran claros los pensamientos y sentimientos que atravesaban por la mente de Tato, por lo que con todo cariño y ternura depósito el *chupipoder* en sus especiales manos y las cerró con delicadeza. Ella estaba por retirarse, pues consideró **prudente** dejar unos momentos a solas al patito con su *chupipoder*, cuando, de pronto, de éste emergieron zendos rayos de luz colores rosa y violeta, ambos muy tenues. Los rayos de luz comenzaron a entrelazarse uno con el otro al compas de una hermosa melodía, apenas perceptible para los oídos de Tato y Raquel. Conforme se iban entrelazando, aumentaban de tamaño hasta que alcanzaron a cubrir completamente a los dos amigos. Ambos se sentían **avasallados** por una inmensa sensación de paz, armonía y libertad. Ella y el patito estaban verdaderamente sorprendidos y emocionados. Ambos se cuestionaban en silencio sobre si lo que veían era real, sin darse cuenta al unísono comenzaron a repetir: "Sí, tan real como el *pants* azul de Raquel, como los ten..."

El descubrimiento

Tato descubre la importancia de reconocer y aceptar los errores
para aprender de ellos y hacerlos sus aliados

"¡*Cua, cua*! –expresó Tato y agregó–, esto sí que es fantástico,
dotora, mi *chupipoder* nunca jamás, *cua, cua*, había hecho
lo que hoy, ¡*cua, cua*!, eso de **proyectar** luces que bailan, que
cantan y que me hacen sentir tan, pero tan bien, *cua, cua*. ¡Sí
que es poderoso mi *chupipoder*! –Tato continuó–. *Cua, cua*, mi
chupipoder, cua, cua, saca luces de colores y brilla, *cua, cua*,
y me hace sentir bien –parecía que la gran emoción que embargaba a Tato después de la experiencia de sentirse bañado e
impregnado por esa sinfonía de luces tan especial lo impulsa-
ba a seguir hablando–. Además, dotora, *cua, cua*, yo hace rato
me sentía triste, muy triste porque descubrí que yo también
he sido inconsciente, que he cometido actos que me hacen
sentir culpable, que he sido mentiroso, que he hecho trampa,
que, *cua, cua*..."

Raquel lo interrumpió y le dijo: "Todos hemos cometido
errores, Tato, todos de una manera u otra hemos sido presas
de la inconsciencia, pero lo importante es reconocer el error,
aprender de él y comprometernos a no volver a realizarlo
más, pues ésta es la única manera de crecer interiormente, de
combatir a la inconsciencia y conquistar el reino de la luz, el
cual precisamente por inconsciencia dejamos perder, hasta
el grado de borrar de nuestra memoria lo que en realidad somos, Tato, seres de luz con posibilidades infinitas –al observar
el impacto que estas palabras provocaban en el patito, Raquel

Tato enfrenta sus errores para aprender de ellos.

continuó–. Sí, Tato, recuerda que nuestra verdadera esencia es de luz, de claridad, y estamos hechos para ser felices y libres, pero, como ya sabes, la inconsciencia ha utilizado las armas más destructivas para convertirnos en esclavos, instalando el dolor y el sufrimiento que alimenta a los espantajos, monstruos y fantasmas que habitan en el reino de la oscuridad y la ignorancia".

"¡*Cua, cua*! –respondió Tato emocionado y agregó–. Entonces, dotora, ¿le acabamos de ganar una batalla a la inconsciencia?" Raquel con gran alegría le respondió: "¡Claro que sí, Tato! Lo que tú acabas de realizar **constituye** un camino infalible para salir de la oscuridad y las tinieblas que genera la inconsciencia". Tato sorprendido respondió: "¿Pues qué hice, dotora?"

Con gran dulzura Raquel le respondió a Tato: "Reconocer, enfrentar y aceptar tus errores, Tato, pues sólo así te encuentras en posibilidad de aprender de ellos, de arrepentirte y comprometerte a no volver a **incurrir** en ellos y, de ser posible, reparar los daños que tus actos de inconsciencia pudieran haber producido. Te aseguro, Tato, que ése es un gran golpe hacia la inconsciencia y todos los espantajos que la acompañan". "¡*Cua, cua*!, ¡*cua, cua*!, ¡*cua, cua*! –repetía Tato sin cesar, brincando jubiloso de un lado a otro y decía a la vez–. Gracias a mi *chupipoder* logré darle un fuerte golpe a la inconsciencia y me siento contento, libre, ¡feliz!"

Raquel quiso aprovechar el momento para instruir a Tato sobre el verdadero secreto de supremacía del *chupipoder* y le dijo al pequeño patito: "El poder más grande que tiene tu *chupipoder*, Tato, es el de recordarte que sigues siendo un niño, bueno, un patito con corazón de niño, y con ello se conquista uno de los privilegios más grandes con los que contamos los seres humanos". "¿*Cua*?", respondió Tato, queriendo decir en realidad "¿y yo?" Enseguida Raquel le respondió: "Desde luego que tú también, patito, pues tú, por amor, has conseguido obtener un corazón de niño y, por lo tanto, a ti te corresponde también el privilegio de poder creer, de tener fe, que es la certeza de las cosas que aún no se ven ni se perciben a nivel material, pero que tú, por convicción, sabes que existen. Con ello te encuentras creando la posibilidad de un genuino cambio, de una verdadera y auténtica transformación, no sólo para ti, sino para las personas que amas y para el mundo que te rodea".

"*Cua, cua,* ése sí que es un verdadero poder, ése sí me gusta, pues me hace sentir bien, *cua, cua,* contento, *cua, cua,* además, me siento feliz, tranquilo y en paz." Ella con gran cariño y ternura le respondió a Tato: "Sí, Tato, lo importante no es cometer errores, pues no seríamos humanos, o casi humanos, como tú, si no cometiéramos errores. Lo grave, lo que abre las puertas de la inconsciencia no es cometer el error, sino el pretender justificarlo, el culpar a los demás o las circunstancias por tus fallas, o el pretender que tú no has hecho algo que pudiera perjudicar a los demás o a ti, así como el poner como pretexto para cometer errores y fallas a las circunstancias, al hecho de que los demás lo hacen, o pretender que porque los demás no se dan cuenta tú tampoco has cometido algo. Eso es lo que en realidad te hace esclavo de la inconsciencia, y le brinda poder a la oscuridad y a los habitantes de ésta para destruirte –al observar la atención con la que el patito le escuchaba, Raquel prosiguió– y lo más importante, Tato, a pesar de los errores, siempre, siempre el Señor de la Claridad nos regala la oportunidad de volver a empezar".

"¡*Cua, cua*! –decía y brincaba Tato al mismo tiempo–, eso quiere decir que... *cua, cua*, ¿puedo empezar de nuevo, aunque me haya portado mal, haya dicho mentiras y haya hecho trampas, *cua, cua*?" Tato miraba suplicante a Raquel, como esperando una respuesta afirmativa, que significara para él una nueva oportunidad. Ella le respondió: "Eso no depende de mí, Tato". Al escuchar la respuesta, el patito inclinó la cabeza en ademán de tristeza, pues pensó que de ella dependía esta oportunidad y, como ella era su gran amiga, su amiga de verdad, pues seguramente contaría con la oportunidad de volver a empezar, incluso a pesar de los errores cometidos.

Ella le dijo con gran ternura: "Esa oportunidad es tuya, te pertenece desde siempre". "¿*Cua*?", replicó el patito. "Sí, Tato, aprender de los errores y volver a empezar es una oportunidad que nos **obsequia** el Señor de la Claridad, y te pertenece por derecho de nacimiento. Por inconsciencia lo hemos olvidado, pero también por derecho de conciencia lo conquistas, lo recuperas, ¡lo haces tuyo de nuevo!" Ante las palabras que ella había emitido, Tato no dejaba de brincar y de decir: "*Cua, cua*, yupi, yupi".

Lo prodigioso

Tato y Raquel comienzan a descubrir
los prodigios del *chupipoder*

A leguas se notaba que el patito se encontraba feliz y contento,
Raquel disfrutaba como nadie ese momento sin igual en el
que tenía la oportunidad de observar a su amiguito tan querido, tan feliz. Ella sabía que conforme Tato adquiría conocimientos avanzaba en su lucha contra la inconsciencia y la
ignorancia, también observaba que el rostro de Tato parecía
cada vez más tierno, más humano.

Con infinita ternura quiso continuar **instruyendo** a
Tato y sin dilación le dijo: "¿Recuerdas, Tato, que comenzas-
te a sentirte triste y yo, con gran amor, te regresé el *chupipoder*?" "*Cua*", asintió Tato. Raquel continuó con su explicación:
"Precisamente fue en ese momento cuando el *chupipoder*
comenzó a **emitir** luces". "¿*Cuá*? –**inquirió** Tato y agregó–. Sí,
es cierto, dotora, en esos momentos yo me sentía muy triste,
apenado y hasta culpable, porque me di cuenta de que yo
también había cometido grandes errores, que, *cua, cua*, había sido mentiroso, tramposo y, *cua, cua*, fue cuando las luces
comenzaron a salir del *chupipoder*, entonces, *cua, cua*, yo me
sentí de pronto tan feliz y tan, tan bueno, *cua, cua*, siento que
cada vez la quiero más y más, *cua, cua*, a usted y a todo, todo
es tan bonito, *cua, cua*."

Ella de inmediato le contestó: "Mira, Tato, en el mundo
espiritual, que es el sitio en donde el reino de la luz y la claridad ejerce su poder, el color de las luces tiene un significado

especial, por ejemplo –continuó Raquel–, el rosa representa el amor divino, el amor infinito y supremo; el violeta es la más alta vibración de los colores del arcoíris y significa perdón y transformación".

"*Cua, cua, cua*", decía el patito una y otra vez, mientras que Raquel continuaba reflexionando en voz alta para que el patito entendiera algo sobre el significado y el poder de los colores. "Qué maravilla, Tato, es como si el *chupipoder* hubiera respondido a nuestros pensamientos y necesidades de ese momento. Mira yo te lo entregué en un acto de amor, al observar tu tristeza, fue mi deseo sincero que tuvieras contacto con el *chupipoder*, pues sabía que el solo contacto con él te hacía sentir bien –continúo hablando Raquel, mientras Tato la observaba con suma atención y cariño–. Tú, por tu parte, te sentías culpable, avergonzado y triste. ¡Vaya, Tato, que necesitabas el impacto de un baño de perdón, y fue precisamente lo que el *chupipoder* te concedió! ¡Ay, Tato, esto es maravilloso!"

"*Cua, cua*, fantástico, sensacional", respondió Tato. "¿Sabes qué es lo que creo, Tato?", replicó Raquel. "*¿Cuá?*", respondió el patito. Y ella continuó en su disertación: "Creo que el Señor de la Claridad, al observar nuestro deseo sincero de ayudar a la humanidad a salir de la esclavitud de la inconsciencia y, sobre todo, al ver el gran amor que ambos compartimos por nuestros amiguitos los niños, nos ha regalado esta prodigiosa herramienta para comenzar a combatir a los espantajos del reino de las tinieblas y la oscuridad que encubre la inconsciencia".

Tato con gran júbilo comenzó a saltar de un lado para otro, como siempre lo hacía cuando se encontraba contento, y decía una y otra vez: "*Cua, cua, cua, cua, cua, cua, cua*, ahora sí que somos poderosos, voy a lanzar rayos contra el enemigo,

¡que mueran los espantajos de la inconsciencia!, ¡que mueran el reino de la oscuridad y las tinieblas!, ¡que muera la inconsciencia y la ignorancia!, ¡*pum*!, *cua, cua*".

En eso, Tato se disponía a disparar a diestra y siniestra el *chupipoder*, cuando Raquel, con cariño y delicadeza, lo detuvo y le pidió que fuera precavido y recordara el episodio del lago, en el que estuvo a punto de ser devorado por un **turbulento** remolino, mismo que los lanzó por los aires cuando se apoderó de la piedra que, por indicaciones de ella, Tato lanzó al lago.

El solo recuerdo de ese **suceso** hizo que el pequeño pato diera un enorme brinco para atrás y al mismo tiempo que exclamaba un tremendo ¡*ay*!, soltó el *chupipoder* y exclamó: "No, dotora, yo no quiero eso, yo, *cua, cua*, quiero ser precavido, pero, *cua, cua*, ni siquiera sé lo que quiere decir eso, *cua, cua*".

Raquel se agachó con gran cautela para recoger el *chupipoder*, que, espantado, Tato había dejado caer al suelo e invitó a éste a tomar asiento bajo la sombra generosa de un enorme y bello árbol que había sido, hasta ese momento, atento testigo de sus charlas y aventuras.

Tato utiliza el *chupipoder* contra la inconsciencia
sin precaución ni prudencia.

La prudencia

Tato aprende sobre la precaución y la prudencia

Ya con el *chupipoder* de nuevo en las manos, Raquel le explicó a Tato lo que significaba ser **precavido** y cómo el hábito de tomar precauciones lograba desarrollar la **virtud** de la prudencia: "Pon atención, Tato, ser precavido significa medir el peligro que representa tal o cual situación, tú lo has podido comprobar en el caso del lago, pues aun cuando las apariencias **denoten** que no existe riesgo alguno, siempre se encuentra al asecho el peligro de la inconsciencia, quien espera, aunque sea un solo instante de descuido, para instalarse en tu mente y en tu corazón, con sentimientos de culpa, autodevaluación, coraje, frustración y demás elementos negativos que alimentan a los monstruos y espantajos de la inconsciencia –ella continuó–. Aprovechar las experiencias del pasado te hace fuerte y poderoso, porque al hacerlo te conviertes en un ser consciente, es decir, que se da cuenta de lo que hace, y mide los riesgos y las posibles consecuencias de sus actos. Con este proceso de recordar, aprender y medir consecuencias, la conciencia gana terreno y resulta casi imposible que puedas cometer algún acto que dañe a un tercero o a ti mismo, Tato –ella agregó–. Y éste también **constituye** un **certero** camino para derrotar a la inconsciencia, Tato".

La gran atención con la que el patito observaba a Raquel, alentó a ésta para ilustrar lo que decía con un ejemplo: "Tato,

¿recuerdas cuando estabas a punto echarte un chapuzón en el lago?" El patito asintió con la cabeza y exclamó: "*Cua, cua*". Ella prosiguió: "Y ¿recuerdas también cómo en aquella ocasión el lago parecía sereno y tranquilo?" Tato respondió con un sonoro: "¡*Cua*!" Raquel agregó: "Nadie hubiera podido imaginar que en el fondo existía un gravísimo riesgo, como el turbulento remolino que arrasó con la piedra que lanzaste a la superficie del agua".

El recuerdo de aquel momento consiguió que por un instante pasaran las imágenes de ese evento inolvidable por la mente de Tato, incluso cuando después de lanzar la piedra al lago ambos salieron volando por los aires con la impresionante **ventisca** que produjo la **abrupta** aparición del remolino en la superficie del agua. "¡*Cua, cua*! –respondió Tato exaltado y agregó–, ¡ay, dotora, ya ni me lo recuerde, por poquito ni la cuento, *cua, cua*."

Raquel con una sonrisa dibujada en los labios le respondió: "Hemos quedado en que un factor muy importante para combatir a la inconsciencia es aprender de los errores y, sin duda, Tato, lanzarte al agua sin haber tomado la precaución de aventar antes algún objeto pudo haber sido un error de fatales consecuencias". Con un tremendo y sonoro ¡*cua*! Tato asintió con la cabeza, dándole a entender que estaba de acuerdo con lo que ella decía.

Enseguida ella continuó: "De igual manera, Tato, ponerte a disparar *sin ton ni son* los rayos del *chupipoder* sin antes conocer sus alcances, cómo éstos funcionan, las consecuencias que pueden ocasionar y demás posibilidades te convierte en un patito imprudente y, perdóname, Tato, pero, aunque me duela, tengo que decírtelo porque te quiero y soy tu amiga, tu

Tato descubre la importancia de ser precavido y prudente.

amiga de verdad –después de una breve pausa, Raquel le dijo al patito, quien **expectante** le escuchaba–, sí, Tato, eso te transforma en un patito tonto e inconsciente". "¿*Cua, cua*? –respondió Tato alarmado y cuestionó–, ¿otra vez la inconsciencia se apodera de mí, dotora?" "¡Claro, Tato! –replicó Raquel y continuó con la explicación–. Imagínate que con tu imprudencia hubieras dañado a alguien inocente, que hubieras provocado un incendio, que tú mismo te hubieras lastimado e incluso que el *chupipoder* perdiera sus cualidades, ¿cómo te hubieras sentido, Tato?"

"*Cua, cua*, triste, muy triste y culpable, muy pero muy culpable y, desde luego, *cua, cua*, tonto, muy pero muy tonto, dotora." Simultáneamente a su respuesta, Tato dejaba correr grandes lágrimas por sus mejillas, sin duda alguna el solo hecho de pensar en las posibles consecuencias de sus actos lo había hecho reflexionar y conmoverse, al grado de sentirse arrepentido. Ella, cariñosa, se aproximó al patito, estaba a punto de darle un beso en la cabeza, pero recordó que en una ocasión lo había hecho, así como la sensación de incomodidad y molestia que Tato había demostrado, también recordó que Tato tiene la edad de todos los niños y que a éstos no les gustan los besos de las mujeres.

Las imágenes de tal recuerdo hicieron que emitiera una sonora carcajada, por lo que Tato preguntó; "¿Qué pasa, dotora, *cua, cua*?" Ella de inmediato comentó: "¡*Ay*, Tato! Yo estaba a punto de cometer un error, ¡estuve a punto de darte un sonoro beso en tú hermosa cabecita!" "*Ja, ja*", exclamaron los dos al unísono. Ella comentó: "Para que veas que no sólo tú cometes errores, yo también, a pesar de mi edad y de mi experiencia, estuve a punto de hacerte sentir incómodo, pero me acordé que no debía hacerlo y me detuve a tiempo, Tato".

"*Cua, cua*, fiu, *cua, cua*, sí, ¡a tiempo, dotora!", le respondió Tato mucho más confortado.

"Y, en realidad, si somos honestos, Tato, tú también te detuviste a tiempo y el error de enormes consecuencias jamás sucedió, así que alégrate, Tato, ambos aprendimos a desarrollar la **prudencia** –al ver los enormes ojos de Tato casi **desorbitados**, Raquel prosiguió con la explicación–. La prudencia, Tato, es una virtud humana que te permite ser considerado y **tolerante** con los demás, prever las consecuencias de tus actos, ser precavido y, en fin, la prudencia resulta siempre ser una excelente amiga de la conciencia, que en sí es lo opuesto de la inconsciencia, también te permite utilizar el don supremo del razonamiento y si recurres a ella con frecuencia, se convierte en una aliada poderosa y **paulatinamente** te ayuda a conquistar el reino de la luz y la claridad.

"¡*Cua, cua*! –respondió emocionado Tato, y con gran ternura le dijo a Raquel–, je, je, *cua, cua*, prometo de hoy en adelante ser precavido y prudente, porque deseo, de todo corazón, continuar avanzando en la batalla contra la inconsciencia y sus cuates los espantajos."

Raquel esbozó una franca y hermosa sonrisa al observar la disposición de Tato para combatir contra el reino de las tinieblas y la oscuridad, lugar en donde habitan la inconsciencia y la ignorancia, y lo invitó a continuar descubriendo los prodigios y maravillas del *chupipoder*.

Más sobre el chupipoder

Tato y Raquel descubren nuevos
y fabulosos poderes del chupipoder

Después de la gran lección que Tato había recibido sobre
la importancia de ser precavido y las bondades que genera la
prudencia, Raquel depositó de nuevo el *chupipoder* en sus
manos y, con un gesto de cariño, le dijo: "¿Qué te parece, patito, si hacemos el intento por descubrir algo más sobre este
instrumento maravilloso –se refería al *chupipoder*– que te
permite recordar que eres una patito pequeño, muy pequeño,
casi un bebé, y te permite a la vez recobrar el valor que regala
la inocencia y la capacidad de creer, como sólo un niño puede
hacerlo? –con gran énfasis Raquel continuó–. Recuerda siempre que éste es el máximo poder de este mágico y maravilloso chupón, perdón –corrigió Raquel–, mágico y maravilloso
¡*chupipoder*!"

Tato sonrió complacido. Detenidamente contemplaba
al maravilloso instrumento que tenía en sus manos, y que él
mismo había bautizado como *chupipoder*. Enseguida le preguntó a ella: "*Cua, cua, me gusta, me gusta mucho ser el **po-
seedor** de algo tan maravilloso y especial, cua, cua, pero, cua,
cua, dotora, por favor, dígame, ¿qué más poderes tiene?*"

Ella, cariñosa, se dispuso a responder: "Recuerda que el
chupipoder respondió al deseo sincero que ambos compartimos
para **entablar** una lucha sin **tregua** contra la inconsciencia
y las plagas que ésta genera; es como si alguien muy, pero

muy especial y magnánimo, al haber descubierto el gran amor que sentimos por los seres humanos, especialmente por los niños, a quienes deseamos desatar de las garras de la inconsciencia, respondiera a nuestros deseos sinceros, a nuestras necesidades. Es como si ese ser único y especial hubiera descubierto que es nuestro **anhelo** sincero **forjar** un ejército consciente que, con gran valor y **entereza**, logre rescatar a la humanidad de la esclavitud a la que se encuentra sometida en el reino de las tinieblas y la oscuridad que oculta la inconsciencia."

"¿Te acuerdas, Tato –continuó ella–, que cuando te entregué el *chupipoder* para que éste te consolara emitió luces de color rosa, que significan amor?" "*Cua, cua*" –respondió Tato con movimientos de cabeza que afirmaban lo que Raquel decía y entusiasmado agregó–. Sí, es cierto, dotora, y cuando yo me sentía triste y culpable mi *chupipoder* proyectó luces violeta, que usted dice que significan el perdón y el cambio, entonces, *cua, cua*, yo me sentí feliz, contento, tranquilo." "¿Como si hubiera desaparecido de tu corazón el peso y la sombra de la culpa, Tato?", cuestionó Raquel, a lo que Tato de inmediato respondió: "*Cua, cua*, sí, sí, dotora, eso mismo sentí cuando recibí el baño de las luces violetas, fue como si, *cua, cua*, me hubieran quitado una piedra de encima, como si se me hubiera retirado un gran dolor del corazón y, *cua, cua*, ¡hasta ese sentimiento horripilante de culpa desapareció".

"Ahí está el secreto, Tato, el *chupipoder* responde al amor, al deseo sincero de ayudar a los demás como a ti mismo, Tato, y, por ello, responde también a las necesidades que se presentan en cada momento y en cada circunstancia." El rostro de Raquel hacía evidente la gran emoción que le embargaba y la infinita gratitud que sentía por compartir con su inigualable amiguito un objeto tan especial.

"¡Vamos a probarlo, Tato!", exclamó Raquel entusiasmada, al mismo tiempo que se ponía de pie y corría velozmente en dirección al lago. ¡Sí!, el mismo lago que hacía apenas un rato por poco devoraba a Tato mediante un vigoroso remolino que permanecía oculto bajo sus apacibles aguas. La actitud de Raquel **desconcertó** a Tato, quien, de momento, no sabía qué hacer, cómo reaccionar, pero, por instinto, se paró de inmediato y corrió tras ella sin soltar el *chupipoder*, y desaforado le gritaba: "*Cua, cua,* deténgase, dotora, por favor, *cua, cua,* deténgase, *cua, cua*".

Raquel parecía no escucharlo y continuaba encarrerada en dirección al lago, Tato no lograba entender lo que pasaba, pero deseaba de todo corazón que a Raquel no le pasara nada, que algo la detuviera, que la protegiera de tan gran peligro. De pronto el *chupipoder* comenzó a emitir luces de color rosa tenue al principio y enseguida de color azul, azul cielo. Éstas, en menos de lo que te lo cuento, crecieron y crecieron hasta cubrir a Raquel, quien estaba sólo a unos pasos del lago, cuyo remolino, oculto entre las apacibles ondas del agua, aguardaba ya **inclemente** para atrapar a su **presa**.

"*Cua, cua,* fiu", exclamó Tato, limpiándose la frente por la cual rodaban chorritos de sudor frío, tan frío como el hielo del ártico. Raquel quedó suspendida en el aire como por arte de magia, y las luces la desplazaron amorosamente hasta el sitio en donde Tato se encontraba parado. Con suavidad y amabilidad fue colocada por las luces en el suelo, y en ese instante éstas desaparecieron. Ambos amigos se abrazaron y brincaron de gusto, la situación de **inminente** peligro había permitido

Tato se atemoriza al ver que Raquel
se dirige hacia el lago turbulento.

descubrir otro de los fabulosos prodigios del *chupipoder*, era indudable que la luz azul servía para la protección.

Tato estaba contento, pero también algo desconcertado, pues no entendía por qué Raquel se había parado tan precipitadamente y había corrido hacia el lago, sobre todo cuando conocía el gran peligro que silenciosamente asechaba en éste, y menos aún si ella le había dado una lección sobre la precaución y la prudencia.

Como si Raquel adivinara lo que Tato estaba pensado (recuerda que entre ellos era muy fácil comunicarse con el pensamiento), le dijo: "Perdóname, Tato, pero tenía fe en que el *chupipoder* actuaría de nuevo, y algo en el corazón me dijo que para que éste funcionara era necesario que el deseo de ayudarme y de protegerme fuera sincero, que lo sintieras de todo corazón, Tato".

Ambos soltaron una estridente y hermosa carcajada, se abrazaron con gran cariño y, como niños, saltaron de gusto y emoción.

La fe negativa y la fe positiva

Tato descubre el poder de la fe
y la importancia de escuchar al corazón

Después de esos momentos de **algarabía**, en los que los lazos de amor y amistad se hacían más **estrechos** entre Tato y Raquel, ambos caminaban tranquilos por la apacible vereda que los conducía hasta el hermoso y frondoso árbol, que durante sus charlas y aventuras no sólo había sido testigo mudo y silencioso, sino que los había cobijado bajo su sombra protectora.

En el trayecto el patito con gran ternura e inocencia le preguntó a Raquel: "*Cua, cua*, oiga, dotora, *cua, cua*, yo tengo una duda, en realidad, una gran, gran duda". A la vez que cuestionaba a Raquel, Tato, con sus largas manos, hacía señas que dejaban **entrever** el inmenso tamaño de su duda.

Raquel puso cara de sorpresa al imaginarse qué tan inmensa sería la inquietud que Tato iba a **plantearle**, pues con sus manos señalaba una altura que lo rebasaba a él mismo (recuerda que Tato mide casi dos metros de altura). A pesar de la inquietud que Raquel experimentaba, no quiso interrumpir al pequeño patito y con la mirada lo alentó a continuar adelante con su planteamiento. Tato de inmediato prosiguió: "*Cua, cua*, usted habló de la fe, y yo ni siquiera sé con qué se come esa cosa, *cua, cua*". Raquel no pudo dejar de sonreír ante la ocurrencia de Tato, y pensó para sí: "Mira que imaginar que la fe se puede comer, *ja, ja*, qué patito tan lindo y tan inocente, por eso lo quiero tanto".

Raquel y Tato con sus amigos.

Tato continuó expresando su incertidumbre y le dijo a Raquel: "Y, *cua, cua*, usted también dice que, *cua, cua*, hizo lo que hizo, correr hacia el lago, *cua, cua*, porque sintió que el corazón le habló, y yo, *cua, cua*, no oí nada, además, *cua, cua*, yo nunca he escuchado que el corazón hable", esto último lo dijo dibujando en el rostro un gesto de profunda tristeza.

Raquel, al mismo tiempo que se preparaba para responder al patito, extendió su mano, amorosa, para acariciar la mejilla de Tato, y se apresuró a responder, pues no quería que éste se sintiera triste: "Tato, mi amor, no tienes por qué estar triste, recuerda que tú estás poniendo todo de tu parte para aprender y, sobre todo, entregas todo el corazón para realizar una obra de gran **envergadura**, pues ambos pretendemos luchar sin tregua contra la inconsciencia". En ese momento parecía que el corazón de Tato se mostraba de manera visible, incluso a través de la camiseta, como un enorme corazón rojo que latía, y latía al ritmo de la melodía de la naturaleza. Tato se sintió confortado con esas palabras y se dispuso a escuchar a Raquel con toda atención.

"La fe, Tato, es una virtud mucho más fuerte y poderosa que la prudencia, cuando la utilizas te encuentras más cerca del reino de la claridad, aunque si no utilizas la fe de manera adecuada, también corres el riesgo de penetrar en el dominio de la oscuridad que preside la inconsciencia." Con grandes ojotes Tato sólo pudo decir: "¿*Cua, cua*?" A lo que Raquel de inmediato respondió: "Sí, Tato, porque la fe es en sí la ley de la creencia, es la certeza de lo que aún no llega. Y cuando lo que tú crees es bueno y positivo, te acerca a los dominios del Señor de la Claridad; mientras que si lo que tú crees o esperas es malo o negativo, entonces la oportunidad es para la inconsciencia".

Tal era la sorpresa de Tato que por respuesta emitió un sonoro: "¿*Cua*?" Raquel continuó: "Ya hemos hablado de que uno de los espantajos de mayor poder que habita en la inconsciencia es el miedo, ¿o no, Tato? –el patito asintió con la cabeza, Raquel al observar que Tato prestaba gran atención a sus palabras le dijo–. Entonces, agárrate, Tato".

Cuando Raquel dijo esto al patito, el árbol en el cual ambos se encontraban recargados los estrechó con amor con dos manos que parecían salir como ramas del grueso tronco y que, por cierto, estaban cubiertas con unos guantes verdes en forma de hoja de maple. A ninguno de los dos les sorprendió el acto generoso del frondoso árbol, después de todo bajo su sombra habían experimentado fantásticas experiencias, y Tato se sintió apapachado, confortado con tal caricia.

Raquel continuó con la explicación: "Si entendemos que la fe es creer en lo que aún no llega y sabemos que aquello que creemos es posible hacerlo realidad, cuando creemos que los hombres podemos vivir como hermanos, rescatar nuestros valores más encumbrados, convivir en armonía, con salud y tener la abundancia de todo lo bueno, entonces estamos aplicando la fe buena, la fe positiva, la que nos eleva a la conciencia y desplaza a su eterna enemiga la inconsciencia. Pero si lo que creemos es malo, si pensamos mal de los demás, si creemos en la enfermedad, la carencia y, en general, que algo malo nos va a acontecer, entonces, Tato, estamos practicando con la fe negativa, que en sí es el ropaje del miedo y con ello le das paso a la inconsciencia".

Tato se encontraba tan impresionado por lo que acababa de escuchar que no artículo palabra alguna, ni siquiera un ténue "*cua, cua*", Raquel aprovechó el silencio para continuar hablando: "Hace casi dos mil años alguien infinitamente grande y bondadoso, un gran señor de la claridad nos vino a decir: 'Conforme a tu fe te será dado'. Y esto lo podemos entender ahora, Tato, así: si crees que lo bueno te pertenece, entonces lo bueno llega a tu vida, mas si dedicas tus pensamientos a lo negativo, si siempre te encuentras pensando en lo malo, sin duda lo malo, lo negativo, se instala en tu vida. El miedo se va apoderando paulatinamente de tus sentimientos y nubla tu capacidad de razonar y, con ello, la inconsciencia reina de forma suprema sobre ti o cualquiera que le brinde la oportunidad al miedo que, ahora sabes, Tato, no es más que fe o creencia en algo malo, en algo negativo, es decir, fe negativa".

"*Cua, cua*", respondió Tato con gran entusiasmo. Sin duda lo que acababa de descubrir era algo grandioso, no obstante, las sombras de la duda aparecieron de nuevo en su rostro y preguntó a Raquel: "Pero, *cua, cua*, ¿cómo voy a saber cuando la fe que tenga es buena y cuando es mala?" "Por eso, Tato, es importante escuchar al corazón. No, no te sorprendas, Tato –respondió Raquel al observar la cara de sorpresa que ponía Tato cuando él entendió que el corazón podía hablar– y agregó. Efectivamente, Tato, el corazón habla, pero no como lo hacemos tú y yo, o como hablan las personas, sino con un lenguaje silencioso que hay que aprender a entender."

"¿*Cua, cua*?", respondió Tato. A lo que Raquel contestó de inmediato: "Sí, patito, el lenguaje del corazón es muy **peculiar**, y solamente es posible entenderlo de manera individual. Es decir que sólo tú y nadie más puede saber si cuando realizas alguna acción te sientes bien o mal, tranquilo o inquieto y culpable. Es probable que los demás te digan que lo que hiciste está mal hecho, pero en realidad tú te sientes tranquilo y en paz, entonces tienes fe en que los resultados de tus acciones sean buenos y positivos. Pero vamos a suponer que tú hubieras hecho algo que te hace sentir mal, pero los demás te dicen que está bien, e incluso hasta te lo festejen, entonces, Tato, tu corazón te dice que lo que hiciste está mal hecho, y sin darte cuenta comienzas a sentirte mal, culpable y temeroso y, sin que tú lo percibas, empiezas a desarrollar una fe negativa, es decir, a sentir miedo de todo, a creer en cosas malas, a desconfiar de las personas. Entonces, ¡*zaz*!, ya eres presa de las garras de la inconsciencia".

"¡*Cua, cua*! –exclámo Tato con entusiasmo y agregó–, ya entendí, dotora: cuando yo la conocí, *cua, cua*, yo andaba de pinta con mis amiguitos y todos parecían divertirse mucho, sentirse contentos. Yo también gritaba y reía como ellos, pero, *cua, cua*, la verdad es que yo me sentía muy mal conmigo, me sentía malo, culpable. Entonces, dotora, ¿ése es el lenguaje del corazón?" Raquel asintió con la cabeza, dándole a entender que, efectivamente, el lenguaje del corazón era tal y como él lo había interpretado.

"*Cua, cua*, ahora sí que ya sé cómo habla el corazón, creo que, *cua, cua*, ya aprendí a escucharlo, *cua, cua*." Cuando Tato exclamaba estas palabras, pleno de **alborozo**, el árbol que le abrazaba mientras el patito se encontraba desconcertado y triste comenzó a aplaudir y a balancearse de un lado a otro, y entre sus grandes y frondosas ramas se dibujaba un rostro amable, engalanado por una sonrisa de satisfacción. A todas luces era posible observar la dicha que el árbol expresaba cuando Tato se sentía contento y cuando avanzaba en su extraordinario aprendizaje. Sin embargo, estas manifestaciones de afecto parecían pasar desapercibidas por el patito, sólo Raquel disfrutaba de estas manifestaciones y, como seña de gratitud y complicidad por el gran cariño que ambos compartían por el patito, ella le ofreció una sonrisa al árbol y le guiñó un ojo.

"Ahora lo sabes, Tato, para lograr lo que quieres, primero es necesario desearlo con toda tu fuerza, creer que lo vas a conseguir y sobre todo escuchar al corazón, pues sólo de esta manera podrás estar seguro de que lo que deseas no va a causar daño alguno a ti ni a los demás."

"¡*Cua, cua*! –exclamó Tato expresando gran dicha en su rostro, y enseguida le preguntó a Raquel– oiga, dotora, ¿y verdad que, *cua, cua*, con esto que acabo de aprender es fácil ganarle otra batalla a la inconsciencia?" Raquel de inmediato le respondió: "Claro, Tato, cuando aprendes a escuchar al corazón y utilizas la fe, que es en sí creer en algo aun cuando todavía no lo puedas ver, y cuando tu deseo es intenso y sincero, la inconsciencia y sus acompañantes se encuentran derrotados de antemano, pues no existe lugar para ellos dentro de tu mente". Al escuchar estas palabras, Tato brincó de contento, exclamando al mismo tiempo: "*Cua, cua*, eso sí que me gusta, ¡ganarles batallas a la inconsciencia y a tooodos sus cuates!, *pum, zaz, pum, cua, cua*".

Y así, brincando, cantando y haciendo ademanes como si estuviera boxeando con el aire, el patito denotaba que en su imaginación enfrentaba tremenda lucha contra la inconsciencia, pues no dejaba de repetir: "*Zúmbale, cuás, pum, pum, zaz*". Al dar el último golpe levantó las manos hacia el cielo como lo hace un campeón, e inmediatamente le preguntó a Raquel: "Oiga, dotora, *cua, cua*, ¿con todo esto que ya he aprendido podemos empezar a ayudar a nuestros amiguitos a combatir al horripilante monstruo de la inconsciencia, *cua, cua*?"

Con una gran sonrisa, que indicaba satisfacción, Raquel le respondió a Tato: "Sólo si lo deseas de todo corazón y crees firmemente que lo podemos lograr, entonces, es tiempo de comenzar".

La naturaleza se hace cómplice

Sin duda el momento había llegado, era tiempo de iniciar la guerra franca contra la inconsciencia, contra el reino de la oscuridad y la ignorancia, así como de invitar a todos los niños del mundo a iniciar la batalla sin cuartel, de ganar **adeptos** para conquistar el reino de la luz.

¡Por fin! El sueño durante tanto tiempo anhelado, la esperanza de forjar un mundo de paz, armonía, amor y genuina libertad de conciencia se hacía realidad. Para ello había que invitar a todos y cada uno de los niños del mundo a unirse a esta aventura sin igual. Y ni Tato ni Raquel sabían cómo empezar, pero ambos habían descubierto que la fe, la capacidad de creer, era su arma más poderosa, y también sabían de la importancia de escuchar la voz silenciosa con la que habla el corazón.

Una intensa mirada cruzaron Tato y Raquel, no había necesidad de palabras, ambos sabían (el corazón se los decía) que el momento durante tanto tiempo esperado había llegado, esta sensación compartida desde lo más profundo de su ser los hizo sentir plenamente identificados y felices.

Lo primero que hicieron el patito y la dama fue estrecharse en un fuerte abrazo, y enseguida brincaron y brincaron de gusto, tantas y tantas veces que ambos parecían chapulines.

Sin que ellos lo percibieran, a su alrededor la naturaleza manifestaba también dicha incomparable de una manera muy peculiar: las florecillas del campo danzaban y, con sus aromas más bellos, cubrían a los pequeños botones, tanto a los que estaban casi a punto de retoñar como a los más tiernos capullos. En cada árbol, en cada nido de aves, en cada familia que poblaba el bosque, hasta en las nubes, así como en los rayitos de sol más diminutos, se hacía evidente un espectáculo similar; los mayores los acariciaban cada uno a su modo, con el mejor trino, el más fresco aroma, con una palmada o una simple caricia de amor les hacían saber que el universo estaba de fiesta, pues se **gestaba** el inicio de un momento especial.

Un momento que marcaba un cambio para el mundo, para la humanidad y, de manera especial, para todos y cada uno de los niños. La naturaleza era **sensible** a este proceso **transformador**, a esta nueva oportunidad que surgía del pacto de un pato y una dama, impulsados por amor. ¡Sí!, por amor a los niños, por amor a la vida, por amor a la libertad, dos seres muy especiales se convertían en los protagonistas de una aventura sin par.

Y así es siempre, amiguito, cuando en tu corazón surge un deseo **genuino** de cambio, de transformación, cuando este deseo se encuentra **teñido** por el amor que aspira a vivir cada vez mejor, cuando tu deseo **abarca** a tu familia, a tus amigos o a cualquier ser humano o ser vivo (como una plantita, un gatito o un perro), todo en la naturaleza se **apresta** para hacer realidad tus sueños, tus deseos sinceros.

¿No te parece maravilloso contar con la amistad y la **complicidad** de la naturaleza entera? ¿No te parece sensacional saber que aquello que deseas intensamente es posible hacerlo realidad?

Atrévete a soñar, a desear cosas hermosas con todo el corazón, pues no te encuentras solo: cuando tu propósito

Raquel y Tato saben que cuentan con la naturaleza
para hacer sus sueños realidad.

es noble y honesto, aparece para ti un amigo dispuesto para **coadyuvar** a hacer tus sueños realidad.

Mira, voltea al cielo, tal vez en este momento alguna estrella te está **guiñando** el ojo, o quizá un rayito de sol travieso refleje una sombra **peculiar** que sólo tú puedes entender. En un caso o el otro, el mensaje es el mismo: "¡No estás solo! Para hacer tus sueños realidad cuentas conmigo, que soy tu amigo, tu amigo de verdad".

Frente a frente con el miedo

Aparece en escena Rayonino

Raquel y Tato se sentían inmensamente felices, estaban dispuestos a hacer realidad su sueño, que era combatir a la inconsciencia sin tregua, ayudados por todos los niños del mundo. Era el momento de combatir con toda la fuerza al reino de la oscuridad y sus integrantes, en cuyas garras se encontraba prisionera la humanidad. Ambos sabían que era el momento de iniciar la conquista del reino de la luz.

Raquel fue la primera en expresar: "Tato, si vamos a emprender esta fantástica aventura, seguramente correremos muchos riesgos y peligros insospechados. Yo creo que es conveniente avisar al doctor Orlando y a la doctora Laurita, ellos son los conductores del programa radiofónico que dirijo, *Siempre contigo*".

Más tardó ella en decir esto que frente a ambos, el pato y la dama, se encontrara **serpenteando** en el aire un misterioso y singular objeto, ¿o era tal vez un personaje espectacular? Era un rayo de luz, como ésos que aparecen en el cielo para anunciar la **tempestad**, ¡sí!, los que aparecen enseguida de un trueno y que sirven para anunciar que va a llover, pero, a diferencia de ésos, éste tenía dibujado un rostro sumamente gracioso y gentil, llevaba puesto en lo que parecía ser la cabeza, un gorro de maquinista de ferrocarril, del cual asomaba un gracioso fleco de luz.

En un abrir y cerrar de ojos este personaje singular se encontró suspendido en el aire justo frente a Tato y Raquel, a quienes les dijo: "Yo soy Rayonino, soy su amigo y acudo a su llamado". Al mismo tiempo que lo decía, extendía sus brazos, de los cuales resaltaba el fulgor de sus peculiares manos, de las que brotaban cinco diminutos resplandores a manera de dedos. De forma **simultánea** al **ademán** con el que los invitaba a acercarse a él, Rayonino les dijo: "Vamos, arriba –invitándolos a montarse en él–, no hay tiempo que perder".

El pato y la dama se miraron desconcertados uno al otro y, sin decir palabra alguna, treparon en el rayo de luz, mejor dicho, en Rayonino. Tato se sentó en la parte delantera y Raquel atrás, pues Tato era mucho, mucho más alto que ella; de tal manera que el patito prestaba su fuerza física y Raquel su experiencia. Y, así, abrazados, Tato del rayo y Raquel de la cintura del patito, en un momento se vieron suspendidos en el aire, en donde, después de dar dos giros, el rayo arrancó a una velocidad espectacular. De Tato sólo se escuchó un sonoro: "¡Aaahhh!" y de Raquel la casi imperceptible pregunta: "¿Y ahora quién les vaaa aaaviiisaaaarrr?"

Lo que sucedió en ese momento parece difícil incluso de imaginar: Rayonino, en el cual se encontraban montados el pato y la dama, se dirigía a toda velocidad a... ¿adivina a dónde? Sí, ¡adivinaste!, justamente Rayonino a toda velocidad iba en dirección al lago con rostro apacible pero en cuyas profundidades se encontraba **apostado** ese maléfico remolino que afilaba sus garras para **succionar** a la inocente presa que se acercaba a él de esta manera tan especial.

En menos de lo que te lo cuento, Tato y Raquel, al igual que Rayonino, comenzaron a girar y girar **vertiginosamente** hacia adentro del remolino que parecía que con gran **zaña** los **engullía**.

Todo giraba y giraba, de repente todo se convirtió en oscuridad y tinieblas. De entre ellas comenzó a **emerger** un monstruo de tamaño **descomunal**; semejaba una sombra gigantesca con ojos **siniestros**, su materia era pegajosa y olía muy mal, a cada momento parecía crecer y crecer, más y más. Amenazador, abrió las **fauces** y, cuando estaba a punto de devorar al trío de amigos, Raquel le gritó a Tato: "Tato, ese monstruo espantoso que se encuentra frente a nosotros es el miedo". "¿*Cua, cua*?", respondió Tato. "Sí, Tato, es el rey de los espantajos del reino de la inconsciencia." El temblor que mostraba el patito y las sensaciones de confusión y angustia que ella misma experimentaba le dejaron reconocer que, ante la experiencia tan inesperada, le había permitido al miedo entrar a su corazón. Y se percató de que mientras mayor era su temor, mayores proporciones tomaba el terrorífico monstruo.

Enseguida se dirigió a Rayonino para cuestionarlo: "¿Qué hiciste, Rayonino, por qué nos trajiste hasta aquí?" A lo que el rayito, desconcertado y bastante apenado, respondió: "Yo no puedo hacer nada, sólo respondo al pensamiento y al deseo sincero de un corazón bondadoso, y nadie me dirige ¡auxilio!"

Ante tal situación, tan desesperada y angustiante, Raquel se dirigió a Tato y con voz enérgica le dijo: "Tato, rápido, utiliza el *chupipoder*, pide verdad y protección". "¡*Cua, cua*!", respondió el patito sorprendido. Y con sus manitas temblorosas, pero haciendo gala de gran valor, tomó entre sus manos el *chupipoder* a la vez que exclamaba

Raquel, Tato y Rayonino
enfrentan al espectro del miedo.

con gran energía y determinación: "Por favor, solicito protección y que la verdad sea".

El remolino seguía danto vueltas y vueltas en espiral, acercando cada vez más a sus presas hacia las fauces del monstruo del miedo, que ya hasta paladeaba el bocado que estaba a punto de engullir, cuando...

Un encuentro con la ciencia

Tato y Raquel surcan el tiempo y navegan en el espacio de la coincidencia del día y de la noche.

Cuando Tato tomó el *chupipoder* entre sus manos y pidió con gran energía y determinación verdad y protección, del maravilloso objeto comenzaron a surgir rayos esplendorosos, primero de color verde y enseguida azul.

Los primeros rayos verdes se dirigieron derechito hacia el corazón del rey de los espantajos de la inconsciencia, quien, como por arte de magia, desapareció al instante, mientras que los rayos azules gentilmente envolvieron a los tres amigos, quienes se sintieron transportados hacia un lugar sin igual.

De pronto se encontraban **surcando** un cielo prodigioso, claro y transparente. Parecía que era de día, pues el sol se encontraba en su **esplendor**, había nubes blancas, como figuras de algodón, que constantemente cambiaban de forma y, lo más sorprendente, también había estrellas y luna, mejor dicho, media luna, cuyo rostro era delineado por unos ojos adormilados, y una hermosa y bondadosa sonrisa.

Tato y Raquel se encontraban verdaderamente impactados ante el espectáculo que se encontraba frente a sus ojos y del cual, sin proponérselo, también formaban parte. El rostro de Rayonino no mostraba sorpresa alguna, parecía que para él este espectáculo era **habitual**. El rostro del patito y la dama mostraban rasgos evidentes de confusión, alegría y sorpresa. Sin duda eran demasiadas emociones las que habían experimentando en apenas unos instantes.

Tato se llevó la mano a la frente y al mismo tiempo que limpiaba los chorritos de sudor frío que bañaban su rostro exclamó: "¡*Cua, cua*, yepa, yepa, yupi, yupi, fiuuu!" Raquel se encontraba embelesada contemplando el firmamento: el espectáculo que se encontraba ante su mirada jamás lo hubiera siquiera podido imaginar; unas discretas lágrimas asomaron a sus ojos en señal de gratitud, y dirigiéndose a Tato le dijo: "Patito, hoy juntos descubrimos que el miedo es un fantasma poderoso que se alimenta de nuestro temor y desaparece cuando lo enfrentas con valor y **gallardía** como lo hiciste tú, Tato". El patito exclamó orgulloso un sonoro y cristalino "¡*cua, cua*!"

Raquel continuó: "Además, Tato, percibimos que el rayo verde del *chupipoder* responde a la verdad, y esta belleza incomparable, esta libertad que experimentamos, Tato, es la verdad, la auténtica y genuina verdad".

El patito no respondió, parecía que hasta ese momento se estaba dando cuenta de tan grandiosa y hermosa realidad; apenas comenzaba a asimilar que el miedo realmente no existe y que somos nosotros quienes lo alimentamos con nuestros temores e inseguridad.

Posteriormente, seguido de un tierno "*cua, cua*", Tato se dirigió a Raquel diciéndole: "Qué lección tan grande, dotora, hoy aprendí que al miedo hay que enfrentarlo siempre para no dejarlo crecer en nuestro corazón, *cua, cua*, nada más de acordarme, *cua, cua*, vuelvo a sentir miedo".

Raquel le respondió: "Sí, Tato, nunca es bueno recordar las cosas malas del ayer; sólo aprende de la experiencia, al igual que del error, y siempre sigue adelante". El patito, cariñoso, respondió: "Sí, dotora, mejor ya no voy a recordarlo para no darle oportunidad a tan horrible espantajo. Pero, *cua, cua*, usted me dijo que siempre hay que aprender de las experiencias y de los errores, *cua, cua.* Por eso no quiero olvidar jamás que mientras más miedo sentimos, más y más crece este horripilante monstruo, que se alimenta de nuestros temores, *cua, cua,* y crece y crece hasta que nos devora, ¡*cua, cua!*"

Raquel agregó: "Así es, Tato, además, recuerda que también es importante controlar nuestros pensamientos, pues ellos tienen una gran influencia sobre la realidad; ya te diste cuenta de que el pobre de Rayonino no tenía poder alguno para alejarse del peligro mientras tú y yo sólo sentíamos miedo y angustia".

"*Cua, cua,* sí, es cierto, dotora, mi amigo Rayonino no podía hacer nada por nosotros hasta que usted me dijo lo que tenía que hacer, entonces, *cua, cua,* ¡que me doy un encontronazo con el miedo y con el apoyo del *chupipoder, cua, cua, zaz,* que desaparece!", respondió Tato, consciente de que el valor y el coraje eran también invaluables herramientas para continuar avanzando en la batalla contra la ignorancia y la inconsciencia.

Mientras ellos conversaban, Rayonino se desplazaba tranquilamente por el **vasto** cielo. De pronto apareció frente a sus ojos una figura singular. Sí, no había duda, era Albert Einstein, el creador de la Teoría de la relatividad, uno de los más **eminentes** científicos del siglo xx, ganador del Premio Nobel y cuyos descubrimientos en el campo de la física han permitido desarrollar grandes avances científicos y tecnológicos. (Investiga por tu cuenta sobre este tema apasionante, te aseguro que te va a proporcionar enormes satisfacciones e inquietudes.)

Este singular personaje montaba un rayo muy similar a Rayonino que, sólo lo distinguía de éste el color rojo de su gorra y una cabellera muy similar a la de su jinete, el incomparable

Albert Einstein. Él, distraído a todo lo que acontecía a su alrededor, acomodaba las estrellas de tal manera que parecía realizar **ecuaciones** con ellas y para subir y bajar a un determinado sitio, de vez en vez utilizaba una escalera hecha con rayitos de sol.

Su tarea parecía interminable, porque de repente aparecía Eolo (personaje de la mitología griega), el rey de los vientos, quien, travieso, le soplaba a las estrellas, desacomodando una y otra vez las operaciones matemáticas del **ilustre** investigador.

Tato se mostraba divertido ante tal situación y sólo atinaba a reír, Raquel se mostró comprensiva, pues no ignoraba que el patito en realidad era como un niño que disfrutaba del momento. Ella prefirió platicar con Tato sobre la impactante importancia de los descubrimientos de un ser humano tan especial y **trascendente** como Einstein, en vez de regañarlo y hacerlo sentir mal por su comportamiento aparentemente burlón.

Ella entendía que en el corazón de un niño no existe la mala intención que muchas veces los adultos atribuimos al comportamiento de un infante, que con su risa sólo responde ante lo chusco de la situación. Raquel pensó que era mejor orientar y proporcionar elementos al patito para que aprendiera a respetar, en vez de hacerlo sentir mal y culpable, pues esto lo haría presa de la inconsciencia y sus terribles consecuencias.

"Sabes, patito, que este gran hombre decía que si alguien pudiera cabalgar en un rayo de luz, el cual viaja a 300 mil kilómetros por hora, para el jinete la luz permanecería quieta –Raquel continuó y, queriendo ilustrar a Tato, le dijo–: Imagínate, patito, que a esta velocidad podrías dar la vuelta al mundo en un séptimo de segundo, o ir y venir de la ciudad de México a Acapulco y de Acapulco a México 300 veces en un segundo." "*¿Cua, cua?*", respondió Tato intrigado y evidentemente sorprendido. Raquel continuó con la explicación: "Sí, patito, así es, y mira ¡tú y yo, al igual que el gran maestro, lo hemos logrado, Tato, estamos montados en un rayo de luz, cabalgando por el firmamento y hemos logrado penetrar hasta el punto en el que el día y la noche se encuentran juntos, seguramente lo hemos alcanzado viajando a una velocidad impresionante, al grado de que es posible atravesar el tiempo!"

Ante tal expectativa ambos se mostraban infinitamente felices y halagados y no era para menos, un pato y una dama cabalgando en un rayo de luz, **desplazándose** por el firmamento infinito y ¡atravesando el tiempo!

"¡*Cua, cua*! –exclamó Tato fascinado y enseguida preguntó–, ¿atravesando el tiempo, dotora?" Ella respondió: "Sí, Tato, el maestro Einstein decía que el tiempo era algo relativo, mira, esto quiere decir que puede cambiar".

La característica mirada de desconcierto del patito hizo comprender a Raquel que había que mencionar un ejemplo que Tato pudiera entender y para ello le dijo: "Mira, Tato, tú sabes que mientras en nuestro país es de día en otro sitio del mundo, por ejemplo, en China es de noche". Entusiasmado, contestó el patito: "Sí, dotora, *cua, cua*, eso sí lo sé, mientras nosotros vamos a la escuela, comemos, jugamos y, *cua, cua*, hacemos todas las cosas que se realizan de día; *cua, cua*, los chinitos duermen".

"Así es, Tato –respondió Raquel y continuó–, además de esta característica, hay algo muy especial y esto es que mientras para nosotros es, por ejemplo, el día lunes, los chinitos se encuentran disfrutando del sueño de la noche que precede al amanecer del día martes."

"¡*Cua, cua*!", pronunció Tato sorprendido, se notaba a **leguas** que estaba profundamente impresionado, y con la mirada **clamaba** que Raquel prosiguiera con la explicación. Ella, ni tarda ni perezosa, al ver el gran interés que mostraba el patito continuó: "Y esto no es lo más sorprendente, Tato, sino que estando tú en México y un amiguito en China, aun cuando para ti sea de día y para él de noche, es decir, aun cuando para los dos sean momentos diferentes, tú puedes hablar por teléfono con él en el mismo instante sin importar que se encuentren en sitios diferentes y en tiempos distintos también.

"Es por ello que nos encontramos ahora en el sitio en el que el día y la noche coinciden, en el firmamento de la inmensidad, en el que el tiempo no existe, por lo menos no como lo conocemos nosotros, Tato, pues es posible estar en diferente lugar en el mismo instante, e incluso es posible también juntar tiempos distintos en el mismo lugar".

Tato aprendía rápidamente y, aun cuando lo que acababa de aprender era sumamente complejo, intuía que lo que estaba experimentando era algo verdaderamente prodigioso. Sintió un profundo respeto e **indescriptible** admiración por el gran hombre a quien la humanidad le debía tanto. Entre tantas cosas valiosas, había aprendido también a respetar y hasta a admirar el trabajo de este hombre sin igual, que aun en esta dimensión no cesaba de trabajar tratando de descubrir los secretos del universo.

Tato no pudo contenerse y con gran júbilo exclamó: "¡*Cua, cua*, esto sí que es sensacional, fantástico, espectacular, *cua, cua*; hemos logrado atravesar el tiempo cabalgando en un rayo de luz, mejor dicho, en Rayonino, mi amigo querido!"

Y contento agregó elevando la voz: *"Cua, cua,* gracias maestro Einstein, gracias por todo".* El maestro volteó hacía ellos y, con una seña amistosa, se despidió de ellos para continuar en su inapreciable e **infatigable** labor.

Algo desconcertaba a Tato, quien no pudo contener la inquietud, y le preguntó a Raquel: "Oiga, dotora, pero, *cua, cua,* yo sabía que Albert Einstein ya había muerto hace muchos, muchos años, y yo, *cua, cua,* como que no entiendo cómo lo pudimos ver y hasta platicar con él".

Raquel, cariñosa, respondió enseguida: "Así es, Tato, en el plano material Albert Einstein ya no se encuentra con nosotros, pero siempre quedan las obras de los hombres y su recuerdo. Hoy mejor que nunca entendemos que nadie muere del todo. Cuando guardamos un sentimiento de amor en el corazón, un pensamiento o un recuerdo y como el tiempo es relativo, entonces, lo podemos encontrar en nuestros sueños o en un momento tan especial como éste, en el que el tiempo ya no se mide con el reloj, ni con el calendario".

Raquel agregó: "Recuerda que nosotros viajamos a una velocidad vertiginosa y hemos atravesado tiempo y espacio, pero en realidad allá abajo ha transcurrido tan sólo un instante, quizá un fragmento de segundo.

"Pero, ahora –agregó Raquel, no sin cierta nostalgia al imaginar que pronto abandonarían tan especial lugar–, tenemos que continuar nuestro camino en busca de nuestros amiguitos."

El pensamiento
es más veloz que la luz

Aparecen en escena el doctor Orlando,
la doctora Laurita y Hectorín

En eso aparecieron en el espacio la doctora Laurita y el doctor Orlando montados en un rayo de luz con evidentes características femeninas, su cabellera dorada se encontraba adornada por un coqueto moño verde turquesa y las pestañas de sus bellos ojos eran enormes, estas características hacían de Rayonina una figura muy guapa y coqueta.

La entrada al firmamento en el que la noche y el día coincidían fue aparatosa y del todo singular, la velocidad era tal que Orlando mostraba el cabello parado como césped recién cortado y la cola de caballo de Laurita volaba por los aires; ambos se miraban desconcertados pero contentos de encontrase con Raquel y su peculiar acompañante: Tato, el pato.

Cuando entraron en el firmamento de la coincidencia del día y la noche, inmediatamente retomaron el aliento y sus cabelleras se acomodaron, y se deleitaron con la quietud, la belleza y el silencio de ese lugar tan especial.

Disfrutaron también de la sensación de permanecer suspendidos en el espacio cabalgando un rayo de luz, como un globo que se eleva al cielo con gran tranquilidad. Cuando Rayonino **vislumbró** a Rayonina, gustoso y cariñoso, se le acercó, se notaba que ambos disfrutaban también de ese encuentro.

Raquel fue la primera en hablar y sorprendida dijo: "Orlando, Laurita, qué bueno que están aquí, pero, díganme, ¿cómo es que llegaron hasta este lugar? Bueno, primero déjenme presentarles a un amiguito que quiero mucho –y, dirigiéndose a Tato, les dijo–: Éste es Tato, el pato, amigo de todos los niños y..." Los **graznidos** de Tato interrumpieron a Raquel, el patito se mostraba evidentemente emocionado y comenzó a decir: "¡*Cua, cua!*, ¿ustedes son, *cua, cua*, el dotor Orrr...lando y la dotora Lu..lu...lurita, los condutores de *Siempre contigo?*" Ambos a la vez respondieron: "Sí, Tato, nosotros somos". "¡*Cua, cua, cua, cua, cua, cua!*", respondió el patito, quien no dejaba de mostrar **signos** evidentes de la gran alegría que experimentaba al conocer a sus nuevos amigos.

La doctora Laurita se dirigió a Tato y le dijo: "Sí, Tato, ya te conocíamos y estamos muy felices de verte así, en persona, bueno, mejor dicho, en pato". Raquel y Tato voltearon a verse uno al otro sorprendidos y Orlando presuroso los sacó de la duda mencionando: "Sí, el doctor Hectorín, que es el coordinador del programa radiofónico *Siempre contigo*, se encuentra trabajando en la pantalla del tiempo, y ahí pudimos observar todo lo sucedido".

La cara de desconcierto de Raquel invito a Laurita a ofrecer una explicación, y le dijo: "Los tres nos encontrábamos trabajando en el **guión** de *Siempre contigo* cuando sentimos un intenso deseo de estar con usted, fue tan curioso que incluso los tres comentamos que sentíamos como si usted nos estuviera llamando".

Fue Orlando quien continuó con la explicación y mencionó: "Sí, así fue, y de pronto se presento ante nosotros esta amiguita –dirigiéndose a Rayonina–. Nos montamos en ella, y nos condujo hasta la pantalla interespacial en la que se encuentran registrados los eventos de todos los tiempos. En ese

Raquel, Tato y sus amigos navegan en el espacio
donde coinciden el día y la noche.

sitio se bajó Hectorín y, ya ve como es **ducho** para eso, luego, luego le encontró el modo, y ahí observamos todos los acontecimientos que ustedes han tenido que **encarar**".

"*¡Cua, cua!*", exclamó Tato emocionado, y Laurita continuó: "Y, bueno, Raquel, todo fue tan rápido que casi sin sentirlo nos encontramos aquí, dispuestos a integrarnos al ejército de la luz y a combatir la inconsciencia".

 Orlando agregó: "Ya Hectorín nos está apoyando en la pantalla del espacio, de donde podemos obtener valiosísima información, y estoy seguro de que cuando nuestros radioescuchas se enteren de este propósito maravilloso, ninguno se va a resistir para integrarse a la lucha contra la inconsciencia".

Todos rieron de buena gana y se abrazaron unos a otros, hasta Rayonino y Rayonina participaban jubilosos de la situación, y él le dijo a ella: "Oye, Rayonina, esto sí que me gusta, si estamos hechos para obedecer a los pensamientos de los humanos y de los que ya casi lo son, como Tato, el pato, entonces me encanta la idea de participar en una obra tan noble y **encumbrada**".

"Sí, Rayonino –contestó Rayonina–, yo ya me cansé de *andar del tingo al tango* en puras tareas destructivas que dañan a todos y nos hacen sentir tristes y apenados; esto de luchar contra la inconsciencia ¡sí que me gusta!"

"Y lo mejor de todo, Rayonina, es que los dos estamos juntos, ¿verdad?" Rayonina respondió con un abrir y cerrar de párpados repetidas veces, dejando entrever su **complacencia** con su sonrisa sin igual y la delicada brisa que se formaba cuando ella **batía** las pestañas.

De pronto el cielo comenzó a oscurecerse, Laurita dijo: "Parece que va a llover". No terminaba de decir esas palabras cuando un enorme rayo apareció en el firmamento y unos instantes después se escuchó un potente trueno. Todos querían correr a **gaurecerse**, pero Raquel los detuvo un momento y les dijo: "Recuerden que es importante mantener siempre el control de nuestros pensamientos y sentimientos para no brindar oportunidad alguna al miedo, y recuerden también que mientras tengan confianza en ustedes mismos y en el poder de la luz, que es nuestra esencia, nada malo puede sucedernos".

Todos se tranquilizaron con las palabras de Raquel y permanecieron en sus lugares en silencio, lo que aprovechó ella para decirles: "Deténganse un momento a observar y a escuchar el espectáculo con el que se anuncia una **inminente** lluvia o tormenta".

El grupo permaneció en silencio por un rato y embelesado contemplaba el espectáculo; primero aparecía uno o varios rayos de luz atravesando el firmamento y unos instantes después se presentaban los truenos. Esta armonía era tan especial que cuando un rayo aparecía en el firmamento instintivamente Tato se llevaba las manos a los oídos para taparlos y **minimizar** así el impacto del sonido del trueno.

Raquel observaba complacida cómo el patito siempre se encontraba dispuesto a aprender y cómo disfrutaba con cada aprendizaje, en esos momentos mencionó: "Ahora que ya han observado este fenómeno tan singular, quiero comentarles que, precisamente observando los eventos que a diario se presentan en la naturaleza, algunos científicos descubrieron que la luz viaja a mayor velocidad que el sonido, pues, como ustedes han podido comprobar, el rayo de luz siempre precede al trueno".

Laurita y Orlando rieron de buena gana, se sentían contentos por la oportunidad de aprender de las cosas sencillas que se presentan a cada momento, pero fue Tato quien muy serio dijo: "Claro, dotora, acabo de aprender otra lección, *cua, cua*, siempre hay que estar **alerta** para observar lo que la naturaleza nos quiere decir, pues, *cua, cua*, en cada momento hay una oportunidad de aprender, ¡*cua, cua*!"

"Así es, Tato, los grandes descubrimientos que han revolucionado a la historia de la humanidad han surgido de la observación de cosas muy, pero muy sencillas; algún día platicaremos de ello con más detalle y profundidad. Por ahora recuerden que debemos agregar la observación de la naturaleza y el estar dispuestos a escuchar su mensaje a nuestra **talega** de recursos para combatir a la inconsciencia.

"Por cierto –continuó Raquel–, si la luz viaja a tal velocidad, sin importar lo **escabroso** del camino, el pensamiento debe de viajar por lo menos tres veces más rápido que la luz, pues con un solo pensamiento en una fracción de segundo podemos atravesar el firmamento, llegar a la luna o viajar al mar."

"O, *cua, cua*, a casa de mi mamá, que ya la extraño", dijo Tato **nostálgico**. Raquel le dijo: "No te preocupes, Tatito, te prometo que pronto vas a estar con tu mamá". El patito sonrío agradecido y guardó silencio para continuar escuchando la explicación de Raquel, quién agregó: "Y el pensamiento también es energía, tan es así que ya comprobamos la gran influencia que tiene éste sobre la materia, ¿te acuerdas, Tato, cuando enfrentamos al miedo?" "¡*Cua, cua*, que si me acuerdo…!", contestó Tato emocionado.

Orlando dijo: "Creo que sería bueno proporcionarle esta información al maestro Einstein, probablemente podría ayudarle en sus investigaciones". Diciendo y haciendo, el grupo se dirigió hacia donde se encontraba el maestro, a quien gentilmente le proporcionaron la información que habían descubierto. Él, amable y sorprendido, se rascó la cabeza y dio las gracias por tan valiosa aportación, y de inmediato se dirigió a modificar las ecuaciones que con estrellas tenía dibujadas en el firmamento, las cuales ya Eolo, travieso, con un suave soplo, se había encargado de desacomodar.

Y ahora sí...

Derechito a la misión

Raquel se dirigió al grupo diciendo: "Laurita y Orlando, ustedes trasládense hasta la escuela de los niños que andan de pinta en algún lugar del bosque, y procuren hablar con sus maestros antes de que localicen a sus familiares para evitarles un mal momento. Tato y yo nos dirigiremos hasta donde se encuentran los niños para tratar de ayudarlos, pues por estos rumbos se corren grandes riesgos.

Más tardó Raquel en terminar de ofrecer sus indicaciones, que Rayonino y Rayonina en llegar a la dirección indicada. A velocidad vertiginosa comenzaron a atravesar sitios e instantes diferentes; era como si atravesaran una película que corría tanto para atrás como hacia delante con una rapidez espectacular.

Todas estas imágenes se veían reflejadas en la pantalla interespacial que comandaba Hectorín; en ella quedan registrados los hechos del tiempo. Algunas escenas llamaron su atención de manera poderosa. Fue Laurita quien, dirigiéndose a Orlando, dijo: "Mira, allí está sentada Naomi en su sillita de las emociones". "¿Sillita de las emociones?", preguntó Orlando, intrigado. A lo que Laurita inmediatamente respondió: "Sí, ahí se sienta cuando se encuentra enojada, tiene ganas de llorar o simplemente experimenta cualquier emoción desagradable. Y de esa forma llora y se enoja sin molestar a nadie y, sobre todo, sin sentirse culpable de tener esas emociones".

Raquel y Tato se despiden de Laurita y Orlando.

Orlando de inmediato respondió: "Oye, ¡qué maravilla!, seguramente Naomi jamás va a ser presa de la inconsciencia, pues aunque está tan chiquita, se le brinda la oportunidad de manejar sus emociones, sin sentirse culpable o mala. Habría que sugerirle a todas las mamás del mundo que utilizaran una técnica similar: cuando los niños tengan ganas de llorar o se encuentren molestos por algo, en vez de amenazarlos con pegarles (para que lloren por algo) sólo hay que llevarlos a sentarse en la sillita de las emociones, hasta que la emoción desagradable pase".

"Claro, Orlando –respondió Laurita y con su dedo índice señaló una imagen en la pantalla que la inundó de ternura y dijo–. Mira, ahí está Paquito durmiendo la siesta. Y mira cuántos de nuestros amiguitos se encuentran haciendo la tarea."

Ambos pusieron mucha atención a las imágenes que pasaban por la pantalla interespacial. Uno y otro apuntaban con su dedo visiblemente emocionados, y conforme iban apareciendo algunos rostros conocidos y los identificaban al mencionar su nombre con gran alegría: "Mira a David, a Thaly, a Tefy, a Karla, a Mauricio, a Claudia, a Rocío, a Jovanna, a Jessica, a Ana, a Bárbara, a Antonio, a Andrea, a Dana, a Daniela, a Marlene, a Itzel, a Melisa y a tantos y tantos amiguitos que nos acompañan en cada programa de radio".

"¡Mira! –exclamó emocionado Orlando–, ahí van Kathya y Paquín dirigiéndose a su clase de natación." "Y ahí está Fernanda jugando a las escondidillas con su mamá", respondió Laurita. Ambos parecían niños chiquitos, se encontraban verdaderamente emocionados y contentos de reconocer a tantos amiguitos.

En menos de un **santiamén** llegaron a la escuela de los niños en donde se percibía un gran alboroto, pues ya había sido detectada la ausencia de los chiquillos, y los maestros se encontraban en junta para determinar las acciones que tomarían contra el grupo. Estaban a punto de llamar a los familiares de los niños cuando Orlando y Laurita hicieron su entrada espectacular, con los cabellos todos alborotados por el intenso viento que provocó Rayonina al entrar a la dimensión de lo **cotidiano**.

Cuando Rayonina se despidió de ellos, desapareciendo del lugar como lo que era, ¡un rayito de luz!, les dijo en un lenguaje **imperceptible** para los demás: "En esta dimensión no puedo permanecer más que como un rayito fugaz, pero cuando me necesiten ¡llámenme! Ya saben cómo hacerlo, sólo tienen que desearlo con todo el corazón y con el pensamiento, yo acudiré a ustedes rauda y veloz".

Y así, en menos de lo que canta un gallo, Rayonina desapareció, y Laurita y Orlando aterrizaron por los suelos. La situación, como podrás imaginar, no era del todo grata: había demasiados espectadores y seguramente muchas preguntas y muy pocas respuestas que pudieran entender en primera **instancia**. Tanto Orlando como Laurita sabían que la dificultad más grande que tenían que enfrentar era precisamente la incredulidad de los adultos, que todo cuestionan, y, por inconsciencia e ignorancia, les cuesta mucho trabajo creer en algo más allá de sus narices.

Decirles en ese momento que acababan de atravesar el espacio interestelar, montados en un rayo de luz, seguramente sería motivo de burlas, incluso corrían el riesgo de que los calificaran de locos, y entonces sí que sería difícil ayudar a los amiguitos que Raquel y Tato habían acudido a rescatar de los riesgos que encierra el bosque para un grupo de niños inexpertos.

Orlando y Laurita observan las imágenes
que aparecen en la pantalla del tiempo que comanda Hectorín.

Rápidamente se incorporaron del suelo. Orlando, dirigiéndose a Laurita con voz casi imperceptible, le dijo: "Oye, Laura, ¿esto es real o sólo es producto de la imaginación?" A lo que de inmediato Laurita respondió: "¡*Ay*, Orlando, claro que es real!, tan real como los *pants* azules de Raquel, como sus tenis, como..." Orlando se unió de inmediato y de manera conjunta terminó con Laurita la **consabida** cantaletita. Ambos esbozaron una amplia sonrisa y de manera muy discreta se acomodaron el cabello.

Enseguida se identificaron como los conductores del programa radiofónico y pidieron que los escucharan un momento antes de llamar a los familiares de los niños que esa mañana habían decidido irse de pinta. Además, ofrecieron que pronto tendrían noticias del grupo por medio de Raquel Levinstein. Esto calmó a los maestros, quienes se prestaron a escucharlos con gran atención.

Si tú eres de los amiguitos responsables, que hacen la tarea con gran **diligencia** y a tiempo, agrega tu nombre a esta lista. De no ser así, en este momento hazte el propósito de cumplir con tus tareas para que pronto puedas formar parte de la lista en la que se encuentran los amiguitos de Tato, Raquel y todo su equipo de colaboradores.

En el mismo tiempo, pero en otro lugar

Los amiguitos de Tato y Raquel le propinan fuerte tunda a la inconsciencia

Mientras Tato y Raquel llegaban al sitio en el que se encontraban nuestros amiguitos, ellos corrían, jugaban y gritaban, ignorantes del peligro que les acechaba. Apenas a unos metros se encontraba un pequeño grupo de drogadictos que se preparaba para asaltarlos: cargaban navajas, puñales y una pistola, y se encontraban sumamente trastornados por los efectos de la droga, por lo que el riesgo era fatal.

Ante tal espectáculo, Tato quedó desconcertado y ni siquiera un *cua, cua* pudo emitir. Raquel le dijo: "Rápido, Tato, utiliza el *chupipoder* y pídele de nuevo verdad y protección". El patito actuó de inmediato tomando al *chupipoder* entre sus finas manos, y con toda la fuerza de su corazón dijo: "Solicito que me dé rápidamente verdad y protección".

Después de la invocación, comenzaron a surgir rayos verdes y azules que se dirigieron **raudos** hasta el grupo de amigos que, de pronto, se vio envuelto en el mágico fulgor y prodigiosamente percibió la presencia de los muchachos que los amenazaban y corrió hasta alejarse de ellos. El grupo de asaltantes quedó totalmente cubierto por los rayos azules de protección, así como inmovilizado y suspendido en el aire.

Raquel y Tato se dirigieron hasta donde se encontraban sus amiguitos, quienes temblaban y lloraban de miedo; nunca se hubieran imaginado el gran riesgo que corrían, jamás habían visto tan de cerca a personas en ese estado y, menos aún, **blandiendo** semejantes armas contra ellos.

El pato y la dama se acercaron cariñosos hacia ellos. Rayonino ya había desaparecido, al igual que Rayonina; en esta dimensión sólo se presentan como un rayito de luz fugaz y diminuto, y en tono consolador el patito les dijo: "*Cua, cua*, no se asusten, amiguitos, aquí estamos la dotora y su amigo de siempre... ¡Tato, el pato!, *cua, cua*".

El grupo de niños corrió hacia donde se encontraba Tato, quien, amoroso, los cubría con sus sedosas alas. Ellos se sentían protegidos y, cariñosos, lo abrazaban también. El cuadro causaba una gran ternura y Raquel sonreía complacida ante tal espectáculo.

Sin embargo, el impacto de descubrir a varios amiguitos conocidos dentro del grupo de niños le causó una gran sorpresa. Ahí estaban Dámaris, la hija de doña Angy, Alan, Érick, Gisel, Omar, Adriana, Mónica, Paola, Bárbara. Ella sabía que sus papás se encontraban trabajando y que realizaban un gran esfuerzo para que ellos tuvieran la oportunidad de ir a la escuela, y era su deber aprovecharla al máximo. Estaba segura de que si se llegaban a enterar de la travesura de sus hijos, se sentirían afectados, sobre todo, cuando supieran el grave peligro por el que estuvieron a punto de atravesar.

Raquel pensó que no era el momento oportuno para regañarlos, bastante asustados se encontraban para agregar sentimientos de culpa a los niños. Consideró que era mejor hacerlos reflexionar y que ellos tuvieran la oportunidad de reconocer el error y aprender de él.

Para esto, con el pensamiento llamó a Rayonino y Rayonina quienes, acompañados de un grupo de compañeros, se presentaron *ipso facto* en el lugar. Raquel y Tato invitaron a los niños a montar rayitos de luz, y raudos se dirigieron hasta la pantalla interestelar, en donde Hectorín logró pasar todas y cada una de las imágenes desde que ellos, con gran **astucia**, habían logrado burlar la guardia escolar para lanzarse a la aventura de un día de pinta.

Por la pantalla también pasaron las imágenes de la situación que prevalecía en la escuela, desde el momento en que fue detectada su ausencia hasta la reunión de maestros, en la que cada uno de ellos **planteaba** la necesidad de **imponerles** un castigo ejemplar, que podía ir hasta el hecho de expulsarlos. Conocedores de la violencia que **prevalecía** en todos lados, consideraban que no podían correr el riesgo de tener entre sus filas a niños que no respetaran las reglas de disciplina y seguridad de la escuela.

Los niños se sintieron atemorizados y profundamente **consternados**. Esta sensación aumentó en gran **cuantía** cuando en la pantalla aparecieron escenas de sus familiares, quienes confiados realizaban sus labores cotidianas. Algunos papás trabajaban con gran **ahínco**, y otras mamás realizaban las labores del hogar con gran cariño y **empeño**. Entre esas imágenes destacaba la presencia de doña Tita, la patita, la mamá de Tato, quien, cantando y graznando, preparaba los platillos preferidos de su pequeño hijo.

El grupo de amiguitos se sintió invadido por una **gama** de emociones, que iban desde el franco temor hasta la culpa y la vergüenza. Todos ellos hubieran querido retroceder el tiempo, y deseaban sinceramente no haberse ido de pinta ni mucho menos causarles problemas a sus **progenitores** y familiares.

Tato fue el primero en exteriorizar sus sentimientos y, con lágrimas en los ojos, dijo: "*Cua, cua*, pobrecita de mi mamá, ni siquiera se imagina lo que hice. Piensa que estoy en la escuela estudiando con mis compañeritos y yo, *cua, cua, buu, buu, cua, cua, buu, buu, cua, cua*".

Raquel, dirigiéndose al grupo de niños, exclamó: "Siempre existe alguna solución y, aunque no es posible **modificar** el pasado, sí es posible aprender de las experiencias, tanto buenas como malas. Las primeras para repetirlas e incluso mejorarlas. Y las segundas para aprender de las consecuencias de los errores cometidos, lo que tú bien sabes, Tato, que cuando los reconoces, te permiten enfrentar a la inconsciencia y ganarle la batalla".

"Sí, es cierto, yo ya aprendí que lo malo no es cometer errores, ¡todos los cometemos!, lo malo es **evadirlos** o tratar de justificarlos, porque cuando los enfrentas y aprendes de ellos, le das una buena **tunda** a la inconsciencia."

A coro contestó el grupo de chiquillos: "¿Tunda a la inconsciencia?" "Sí, *cua, cua* –contestó Tato presuroso, y agregó–, la inconsciencia es el enemigo más grande de todos los humanos, *cua, cua*, y hasta de los patitos como yo, *cua, cua*, porque en ella reina la oscuridad que nos esclaviza e impulsa a cometer actos que dañan y destruyen a los demás, *cua, cua*. Y luego, cuando los cometes, entonces, *zaz, cua, cua*, te sientes culpable, y, *cua, cua…*"

Raquel intervino y dijo: "Así es, Tato, del sentimiento de culpa y de todas las emociones destructivas se alimenta la inconsciencia, que crece desproporcionadamente y nos hace olvidar nuestra esencia, nuestra verdadera realidad. Y como un círculo vicioso, que no tiene principio ni fin, mientras más inconscientes nos encontremos, mayores son los **agravios** que cometemos contra la naturaleza, contra nuestros semejantes y contra nosotros mismos.

Raquel y Tato comparten con sus amiguitos
la alegría del genuino triunfo.

"Pero ahora ustedes tienen la oportunidad de enfrentar a la inconsciencia, de darle un golpe **rotundo** y derrotarla, enfrentando el error, diciendo la verdad y comprometiéndose, de todo corazón, a no volver a cometerlo –Raquel agregó–. Y si bien, como les dije anteriormente, no es posible modificar el pasado con las acciones de cada día, sí es **viable** transformar el futuro, pues si tu hoy es un buen presente, mañana, sin duda, será un mejor mañana."

Alan, temeroso, dijo: "¡Ay, no, qué miedo! Qué tal si nos pegan o nos expulsan; mejor hay que decir mentiras, así nos evitamos el castigo". Fue Tato quien de inmediato respondió: "Mira, Alan, el miedo es el rey de los espantajos que habitan en la inconsciencia, y sólo cuando lo enfrentas **desaparece**; cuando mientes permites que se apodere de ti y, casi, casi, te conviertes en un monstruo, *cua, cua*, mentiroso, tramposo, y no te das cuenta de que con cada acción oculta el miedo se hace, *cua, cua*, más y más grande, y tú te vas haciendo chiquito, chiquito, aunque el espejo te diga que eres el mismo, pero, *cua, cua*, ya no eres igual, eres sólo un esclavo de la inconsciencia, como quien dice, *cua, cua*, un *trapeador* de los espantajos del reino de la oscuridad, *cua, cua*". Alan y el resto de los chiquillos dijeron a coro: "Mejor vamos a decir la verdad".

Raquel y Tato se abrazaron fuertemente; la decisión de sus amiguitos **constituía** un fuerte golpe contra la inconsciencia. Al decir la verdad y enfrentar las consecuencias de sus actos, ellos habían conquistado la armonía y la paz interior que les permitía ser liberados del miedo, de la culpa y de todos esos sentimientos negativos que alimentan a los monstruos y espantajos de la inconsciencia.

Ante tal decisión, del *chupipoder* comenzaron a emanar rayos de color violeta que envolvieron a los niños con gran suavidad. Ellos al instante se sintieron libres y transformados: el peso de la culpa había desaparecido de su corazón.

Cuando se preparaban para emprender el viaje hasta la escuela, Tato dijo con fuerte voz: "Qué bueno que le ganamos esta batalla, por nocaut, a la inconsciencia. *Cua, cua*, le hemos pegado fuerte a la inconsciencia y a todos sus cuates, *cua, cua*, pero, sobre todo, qué bueno, *cua, cua*, que dejamos atrapados a los muchachos malos que los iban a asaltar, ¡*cua, cua*!"

El rostro de Tato y sus graznidos alegres y continuos denotaban la inmensa alegría que le embargaba. Raquel le dijo cariñosa como siempre: "Tato, efectivamente, tienes muchos motivos para estar alegre y sentir la dicha que sólo pueden experimentar los verdaderos triunfadores, los que, como don Quijote decía: 'han logrado conquistarse a sí mismos', pero no debe ser motivo de alegría pensar que es un triunfo dejar atrapados a los muchachos asaltantes. Ellos, como todo ser humano que daña a los demás, se destruyen a sí mismos porque están atrapados en la inconsciencia, y en su interior hay un gran sufrimiento, culpa, miedo, soledad".

"¿*Cua, cua*?", respondió Tato, **acongojado**, y un tanto apenado por haber experimentado alegría. Ahora comprendía que los asaltantes y todos los niños que se sentían malos o culpables eran también sus amiguitos y necesitaban ayuda para salir del infierno de la inconsciencia.

"No te preocupes, Tato, ayudarlos será nuestra próxima misión; ahora invita a todos nuestros amiguitos a acompañarnos en nuestras siguientes aventuras y, sobre todo, a **librar** cada día una batalla despiadada contra la inconsciencia y sus acompañantes: ¡los espantajos de la oscuridad!"

"*Cua, cua*, no se olviden, amiguitos –contestó Tato–, de que ustedes y nosotros tenemos un compromiso, y de que Raquel Levinstein, su equipo de colaboradores y Tato, el pato, siempre y a cada momento estamos… ¡siempre contigo!, *cua, cua*, ¡hasta la próxima!"

Sobre la autora

Raquel Levinstein, pionera de la Psicología Cuántica y del Espíritu con 33 años de trayectoria, es directora del Centro de Servicios Interdisciplinarios para el Desarrollo Humano (CSI-DH), así como presidenta y fundadora de la Asociación Hispanoamericana de Psicología Cuántica y del Espíritu.

Es autora de varios libros considerados *best sellers*, entre los que destacan: *Pensando en ti, En busca de un ayer perdido* y *Señor, quítame lo bruto*; además del *long seller El infierno del resentimiento y la magia del perdón*, libro que recibió la Condecoración al Mérito Editorial y que lleva más de 35 reimpresiones. Es autora de más de 55 audios con reflexiones de autoterapia emocional creados para enfrentar situaciones como la pérdida de un ser querido, el abandono y la infidelidad; también para ser mejor padre, hijo y ser humano, y todos los temas inherentes a la superación personal y el desarrollo humano.

Es una destacada conferencista que sabe tocar las fibras más sensibles de su auditorio. Además, desde hace más de 30 años, colabora con grupos de autoayuda, como Alcohólicos Anónimos, a quienes ama y admira profundamente.

Cuenta también con una importante trayectoria en televisión y radio, donde ha recibido premios internacionales como el Premio Quetzal, el Micrófono de Oro, la medalla Dolores Ayala por la Asociación Nacional de Locutores y el premio Águila de Oro. En la actualidad puedes escucharla en su programa *Siempre contigo*, que se transmite todas las mañanas a las 11:30 por Radio Centro 1030 AM y en todo el mundo a través de internet en: <www.radiocentro1030.com.mx>.

Ha sido reconocida y premiada, incluso en el ámbito internacional, en todas las áreas en las que se ha desempeñado: escritora, conductora de radio y televisión, conferencista y, sobre todo, la que ella considera la más importante: la de promover el cariño de su público.

Si deseas contactar a Raquel Levinstein puedes hacerlo en la página <www.raquelevinstein.com.mx> o comunicarte al teléfono 55 41 43 19, donde con gusto te informarán sobre sus libros, materiales auditivos, así como cursos, talleres y conferencias con lo más actualizado de la Psicología Cuántica y del Espíritu.

La
CONQUISTA
de ti mismo
Un mensaje de amor de Tato, el pato

terminó de imprimirse en 2015
en Litográfica Ingramex, S.A. de C.V.,
Centeno 162-1, colonia Granjas Esmeralda,
delegación Iztapalapa, 09810, México, D.F.